―――――――― "世遗泉州海丝名城科普丛书"编辑委员会

编写单位：泉州市老科技工作者协会

泉州市永顺船舶服务有限公司

主　　编：林华东　郭永坤

编　　委：苏黎明　王伟明　黄建团

世遗泉州海丝名城科普丛书

● 主编 林华东 郭永坤 ●

七分靠打拼

王伟明 编著

厦门大学出版社 国家一级出版社
XIAMEN UNIVERSITY PRESS 全国百佳图书出版单位

图书在版编目（CIP）数据

七分靠打拼 / 王伟明编著. -- 厦门：厦门大学出版社，2023.8

（世遗泉州海丝名城科普丛书 / 林华东，郭永坤主编）

ISBN 978-7-5615-9063-8

Ⅰ.①七… Ⅱ.①王… Ⅲ.①民营经济-经济史-研究-泉州 Ⅳ.①F127.573

中国版本图书馆CIP数据核字(2023)第140398号

出 版 人　郑文礼
责任编辑　陈金亮　薛鹏志
美术编辑　李嘉彬
技术编辑　朱　楷

出版发行　厦门大学出版社
社　　　址　厦门市软件园二期望海路 39 号
邮政编码　361008
总　　　机　0592-2181111　0592-2181406(传真)
营销中心　0592-2184458　0592-2181365
网　　　址　http://www.xmupress.com
邮　　　箱　xmup@xmupress.com
印　　　刷　厦门市明亮彩印有限公司

开本　889 mm×1 194 mm　1/32
印张　7.875
插页　2
字数　160 千字
版次　2023 年 8 月第 1 版
印次　2023 年 8 月第 1 次印刷
定价　48.00 元

本书如有印装质量问题请直接寄承印厂调换

厦门大学出版社
微信二维码

厦门大学出版社
微博二维码

守正创新踏浪高歌在泉州
（总序）

林华东

科普就是要把人类改造自然、改造社会的知识和方法，以及蕴于其中的科学思想和科学精神，以浅显易懂的方式传播到社会的方方面面，使之为公众所理解，进而达到提升公众科学素质、促进物质文明和精神文明协同发展的目的。习近平总书记在党的二十大报告关于"推进文化自信自强，铸就社会主义文化新辉煌"中就强调，要"加强国家科普能力建设，深化全民阅读活动"。做好科普工作，泉州市老科技工作者协会（以下简称泉州市老科协）有这份热心，也有这份担当。特别是在"泉州：宋元中国的世界海洋商贸中心"项目获准列入《世界遗产名录》那一刻，如何让更多的人知晓世遗的泉州和与海共生的泉州，如何向世人展示以泉州为代表的中华海洋文明，如何将泉州辉煌的科技创新告知大众，如何向外人解释泉州一体多元、兼容并蓄、商工并举的开放理念……我们肩上有着一份沉甸甸的责任。

　　的确,泉州是一个十分迷人的地方!千余年来,这里的族群坚持守正创新,勇于踏浪高歌,以先进的科学技术和开放的思想,开辟连接东西方的海航通道,以海为途、以商交友,推动泉州成为世界海洋商贸中心。他们兼容并蓄,吸纳闽越遗民向海而生、人海相依的海洋文化,接纳阿拉伯等多民族的先进理念,以高水平的科技演绎了许多巅峰事迹,展现了中国的革新精神。

　　泉州给了世界一个十分低调又勇于高歌、十分恋乡又敢于梯航的印象。

　　这是世界的泉州,她以"宋元中国的世界海洋商贸中心"入列世界遗产名录,向世界展示了"向海而兴、多元互信"的中国海洋文明模式。

　　这是中国的泉州,她站在改革发展前沿,入列全国文明城市;2020年以来GDP连续突破万亿元大关,"晋江经验"影响全国上下。

　　泉州市委定位泉州未来发展的目标之一是建设"海丝名城"。"海丝名城"所蕴含的泉州特色至少有四个方面值得提炼:一是千年来走向世界的商贸活动规律和中国模式海洋文明;二是改革开放以来形成的名扬大江南北的民营经济和"晋江经验"的文化底色;三是坚守道统和守护传统的文化自信;四是厚德载物、慎终追远的故乡记忆和感恩心态。

　　关于泉州的描述,我乐意借这个机会在这里转发拙作《宋元泉州,"光明之城"向海生》(《福建日报·第

44 届世界遗产大会特刊》2021 年 7 月 16 日），以飨读者。

这是一片橙色的世界：温暖、欢乐、华丽、车马辐辏，商业繁盛，财源滚滚。刺桐城敞开胸膛，笑迎四方来客。日子过得如东西塔顶的金葫芦，熠熠闪光。"涨海声中万国商"，"市井十洲人"，古城四根方柱，顶着壮实的身躯，与世界对话。文明，和平，广博。

古韵悠长，城脉沿袭的泉州，像一位满腹经纶的老者，向后人讲述着朝气蓬勃的故事。

泉州的历史蕴含着丰富的中华优秀传统文化，吸纳了世界各地多元文化，创造性演绎了东方海洋文明，引领了宋元时期世界海洋商贸的发展。

历史上的泉州，许多科学技术对中国和世界都产生过巨大影响。例如，高超的水密隔舱造船技术，提高了那个时代世界海上远航交通的安全性；让世人刮目相看的桥梁技术，"筏形基础""养蛎固基""浮运架梁"造就了中国古代四大名桥之一的洛阳桥，"睡木沉基"建成了中国现存最长的跨海梁式石桥安平桥；磁灶窑和德化窑等陶瓷古窑以先进的窑炉技术生产了大量令世人爱不忍释的瓷器产品，推动了海上商贸活动；国内首个科学考古发掘的安溪青阳块炼铁产品，是宋元时期海上丝绸之路贸易的重要商品，其"板结层"冶炼处理技术更是独具一格……

这是中国的泉州，更是世界的泉州！

中世纪的泉州刺桐港是世界级的港口，不仅拥有良好的港口航道，还拥有良好的地理优势。刺桐港北承宁波、杭州、扬州、南京，西南接广东、广西，构建了以泉州为中心的港海航线，宋代市舶司的建立促使泉州一跃成为中国与世界商贸交流的世界级大港。

刺桐港连通亚欧非上百个国家和地区，泉州先民以创新的精神开创了宋元泉州港 400 年辉煌历史。他们敞开胸怀迎纳来泉交流的不同文化，留下了千年古迹；舟船为马、梯航万国、开辟世界航海通道，展示了"和合共赢、坚韧进取"的中华海洋文明。

那个时期的泉州，造船业领先世界；曾公亮《武经总要》记录了"火药配方"；赵汝适的《诸蕃志》、汪大渊的《岛夷志略》都展示了海航商贸的精彩。泉州的先民把中华文明传向欧洲，在欧洲的文艺复兴、科技发展和海航繁荣中发挥了不可估量的作用，为欧洲的文明发展作出了贡献！

在刺桐港衰落之后，泉州人仍然继续他们的耕海牧洋，坚守东南海疆，开辟台湾宝岛；继续浮海"过番"（泉州人把赴南洋谋生称为"过番"），坚定地走向世界，把象征海洋文明的海神天后信仰远播到海丝沿线各国，把"和而不同、互惠友善"的中华文化展现给世界人民，为侨居地的经济和文化建设作出了卓越的贡献。

让世界最为惊讶的是，泉州的多种宗教竟然能共存相容，伊斯兰教、景教（古天主教的一个支派）、天主教、印度教（婆罗门教）、基督教、摩尼教（明教）、拜物教、犹太教与道教、佛教共处一城。

可以想象那个时期的泉州，清真寺的祈祷、摩尼教的圣火、古基督教的祷告、佛教的梵音、道教的清修，以及天后宫的顶礼膜拜和府文庙的琅琅书声，是那样和谐美妙地交融在一起，向世界展示着中华文化的生命活力。历史上中国有多个对外港口，同样都是在儒学思想的影响下，唯独泉州能兼容并包、多元文化共存，特别是刺桐港衰落之后，这些宗教遗迹犹在，很关键的一个原因是，泉州先人敬天、敬地、敬自然的杂糅信俗使"你好我也好"的人间生活信条转化为宗教和谐相处的心灵依据。

泉州族群礼佛敬神，信俗杂糅，其深处隐藏着对人生平安和生活幸福的寄托，张扬着泉州文化独有的个性。有心人还会发现，开元寺里有古印度教雕刻的石柱，泉州奏魁宫庙墙隐藏的装饰有十字架、天使、莲花、云纹、华盖等图案的古基督教石碑，泉州草庵摩尼教明清之后转型为民间信仰，泉州天后宫收藏犹太教饰物"六角形"抱鼓石。这一切也都在诉说中华文化强大的融合力和容纳力。

古代海上丝绸之路改变了世界，通过向海外输送中国的茶、瓷、丝绸和中国工艺技术，通过民间互动传播儒家、道家思想，深刻地影响着沿线国家和地区，甚至改变了他们的生活方式和审美观念。许多国家崇尚中国瓷器之风盛行，日本和英国先后形成茶道文化和下午茶文化。

海上丝绸之路同样也在改变泉州，这座古城具有了"光明之城、和平之城、勤勉之城、智慧之城"的鲜明特色。海上丝绸之路开启了地理大发现之前的全球化想象。海上丝绸之路带给西方人的中国印象，成为他们对内变革社会与对外远航扩张的动力源泉。泉州族群在海外交往的实践中，逐步建立起中国与域外世界的对话体系。海上丝绸之路留给泉州族群向海而生的商贸意识，从古至今一以贯之。在当今国家改革开放的大好时机面前，泉州人的商贸活动更显生机，铸就了"泉州模式"和"晋江经验"。泉州成为中华海洋文明的代表、世界商贸运营的典范、中华民族拼搏江湖的样板。

泉州，一个充满神奇故事的地方。在这里，你会发现，早在西晋时期就有汉人信仰的道观、寺庙，还有刻录西晋年号的汉人冢墓砖石；你会发现，汉语其他方言已经消失了的秦汉古音还在这里的人们口语中延续，古代汉语的基本词汇依然活跃在他们的生活之中……泉州，就似开元寺中的千年古桑，历经风霜雨雪、雷轰电击，依然枝叶繁茂、勃勃生机。

泉州先民从北方而来，他们无论在什么样的环境中，都坚守"厚德载物"的民族文化共识，不忘来处、尊宗敬祖、心存"三畏"（畏先灵、畏神灵、畏生灵），绵延多元融合的文化传统，成为维系中华活态历史文化的典范。

泉州族群打破"重农抑商"传统思想，依托东南海疆，打造宋元中国的世界海洋商贸中心，向世界展示中国的海洋文明，使泉州的经济地位从边缘走向中国和世界的中心，成为全球瞩目的焦点。

泉州族群深度演绎"自强不息"的优秀传统精神，破解"安土重迁"的农耕思想，自古至今始终坚持开拓精神，寻求发展机遇，开辟台湾宝岛，走向世界各地，成为中华文明的使者。

泉州文化的核心精神，一是重乡崇祖——坚守文化根脉，传统不丢弃，新潮不落伍！二是爱拼敢赢——自强不息，敢于险中取胜、向海而生！三是重义求利——坚持利益共享、互惠共赢，讲究实际、反对虚无！四是山海交融——善于趋利避害、灵活机变！

泉州是一个古老而又朴实的地方，承载着不断进取、坚韧顽强的文化精神。在汉武帝平闽并移闽越人于江淮间之后，汉人开始进入闽地开发泉州，迄今至少也有 2000 多年的历史；以朝廷在泉州设立东安县（公元 260 年）算起，迄今也有 1761 年。

泉州还很年轻，虽然已经步入 GDP 万亿俱乐部。宋元刺桐港的辉煌，带给了泉州无上的荣耀，同时也赋予泉州不断进取的信心。21 世纪"一带一路"的建设，泉州依然立足改革开放的潮头，依然在海上丝绸之路中奋进。

科普有多重要？习近平总书记深刻指出："科技创新、科学普及是实现创新发展的两翼，要把科学普及放在与科技创新同等重要的位置。"这为我国新时代科普工作指明了发展方向，提供了根本遵循。

加强科普工作，不仅是泉州市老科协的责任，泉州市热心公益事业的企业家也有这个意愿。作为泉州市老科技工作者协会会长，我希望能在时贤已有的科普成就基础上，增添一点了解海丝名城泉州的可能。泉州市永顺船舶服务有限公司总经理、泉州船员服务行业协会会长郭永坤先生，在长期与海打交道的过程中，在服务来自全国各地的船员的过程中，深深感受到有必要从科普角度做些深入推介泉州的工作。我们彼此之间不谋而合。当我们把这一想法向泉州市科协汇报时，市科协领导当场给予了充分肯定和热心指导。

由泉州市老科协组织专家撰写、泉州市永顺船舶服务有限公司总经理郭永坤鼎力相助的"世遗泉州海丝名城科普丛书"于 2022 年 9 月正式启动，首辑推出三册。《泉州与海》由泉州师范学院著名历史学教授苏黎明先生承担。苏教授长期担任泉州师院图书馆馆长，中国社会科学院文化研究中心闽南文化研究基地副主任，有《泉州历史上的人与事》《泉州学研究》等十多部专著问世。《七分靠打拼》由泉州市人大常委会研究室原主任王伟明先生撰写。王先生长期关注和研究泉州古今事象，主编出版多部专著，并撰写了大量调研文章。《名城科技》由泉州市科技局机关党委副书记黄建团先生执笔。黄先生是福建省科普作家协会理事，泉州市科普作家协会副会长，撰写过科普图书《科技发展与智能制造》。

丛书以生动的笔触、通俗的语言、丰富的事例，将泉州向海而兴、泉州的民营经济和泉州科技创新三大特质串联一体，借以展示泉州独有风格。《泉州与海》以泉州曾经的世界海洋商贸中心和今日的辉煌，解读一千多年来泉州与海结下的不解之缘，向世人展示了古往今来泉州向海而兴、爱拼敢赢的精神。《七分靠打拼》呈现泉州千年商脉、侨商风采及改革开放后民营企业强劲崛起的雄风,勾勒"泉州人个个猛"、"输人不输阵"、勇立潮头、锐意进取的时代风貌。《名城科技》全面介绍泉州历史上曾经领先中国和世界的独特技艺和推动泉州当代民营经济创新发展的工艺技术,力图揭示泉州作为曾经的"东方第一大港"和如今跻身"GDP万亿俱乐部"的科技底蕴。

现代化使世界形成地球村,比起历史上任何一个时刻,我们彼此之间更加地贴近。但是,贴近不等同于了解。特别是泉州,她需要我们勠力去推开门窗,让世界再次走进泉州;她还需要我们全力去发掘其内涵,让人们增添前行的信心。今天,我们正昂首阔步行进在以中国式现代化全面推进中华民族伟大复兴的道路上,我们有责任向社会普及泉州的先进科学技术,有必要从泉州现象中提炼出中华海洋文明的核心精神和文化精髓,有信心再现厚重的世遗泉州形象,讲好泉州故事,参与推动中华文化走向世界。但愿首辑"世遗泉州海丝名城科普丛书"能为泉州走向明天增添色彩。

(林华东,泉州市老科技工作者协会会长,

泉州师院原副院长,二级教授,博导)

目　录

第一篇　千年商脉

　　宋元泉州享有"东方第一大港"之誉，今日泉州则成为民营经济发展的重镇。 如果放大历史尺度，不难发现千年以来泉州的发展轨迹：向海而生，因商而兴。

　　2021 年 7 月，"泉州：宋元中国的世界海洋商贸中心"项目被列入《世界遗产名录》。"海洋""商贸""中心"这几个关键词，构成了泉州千年商脉的底色，彰显了泉州在中国乃至世界历史上的卓然地位，增强了泉州人认知本土的文化自信，也增强了走向深邃未来的勇气与智慧。

源远流长商脉兴

　　泉州在汉代之前为闽越族聚居地。 随着闽越国的灭亡，北方汉人势力进入闽越地区，所带来的先进文化带动了闽越地区的新发展。 吴景帝永安三年（260 年）设置东安县，县治在今南安市丰州镇，这是泉州地区设县之始。

　　西晋末年发生"五胡乱华"，北方汉人大量南移，泉州亦成为其中的南移目的地。 经过自东吴至南北朝数百年的开发，泉州从一个蛮荒之地走向繁荣，中外交通渐趋发达。 印度僧人拘那罗陀，即是在九日山边翻译经文边等候搭船回国。 由此亦可推测，其时泉州已经有海外贸易活动。

　　唐朝是中国历史上的强盛期。 泉州府治由丰州迁至今鲤城地界，城市建设与对外贸易都进一步拓展，泉州港也跻身南方重要港口。 从唐代诗人包何《送李使君赴泉州》所描述的"云山百越路，市井十洲人"可以看出，泉州商气兴旺的景况。 安史之乱后，中原地区陷入长期动乱，民众为躲避战乱陆续南下福建，促进了福建的进一步开发。唐末王潮、王审知率兵入闽并建立闽政权，采取"保境息民"战略，在福州、泉州设立招贤院，招揽北方士人，有力促进闽国境内经济文化新发展。

从上述历史背景观之，唐至五代时期的泉州，向海而兴，港城联动，正从传统农业社会嬗变为海洋社会，积淀了厚重的商脉，也为宋元时期成为世界海洋商贸中心奠定了坚实基础。

林銮古渡彰壮史

石湖码头（林銮渡）是泉州22处世界遗产点之一。随着"世遗效应"的发酵，林銮这位远离人们视野的著名海商重新回到了今人的视线。

据史料记载，林銮是唐代泉州东石人，世代以航海为业。林銮继承祖业，航行于勃泥、琉球、三佛齐、占城等地，运去陶瓷、丝绸、铁器、茶叶及手工艺品，引来象牙、犀角、明珠、乳香、玳瑁及樟脑等等。许多乡人见其获利丰厚，纷纷跟随他从事海外通商。又据清代东石人蔡永蒹《西山杂志》记载，林銮为了导引番舶安全入港，不被礁石触沉，曾在东南沿海建造7座石塔，即钟厝塔、钱店塔、石菌塔、刘氏塔、凤鸣塔、西资塔和象立塔。与此同时，林銮还于泉州湾内石湖港的西南侧，建造了一个巨大的古渡头（林銮渡）。古渡头的引堤长 30 丈，宽 9 尺，高 1.5 丈，又称"通济桥"。从这些历史遗迹，人们能品读出以林銮为代表的商人群体对泉州向海而兴的巨大作用。

西街风流冠泉郡

　　泉州西街是一条拥有 1300 多年历史的名街，曾是唐宋时期泉州政治、经济、文化、宗教中心，有着极其丰富的历史文化遗存，也是泉州古城内现有保留最为真实、完整的历史街区。

　　史料记载，西街"列屋成街"始于唐开元年间（713—741 年），东起双门前（即今钟楼下），西至唐故城西门素景门（即今孝感巷口）。王潮兄弟入据泉州，为了加强防御，在泉州城内创筑子城，并且在子城设置四大城门：行春门、肃清门、崇阳门、泉山门。其中，肃清门是当时子城的西门，在今日西街新街和裴巷之间。王延彬治理泉州时，拓展城区范围，西街因拓城延伸至今日的甘棠巷口。五代南唐保大年间，清源军节度使留从效对泉州城加重版筑，西城门（彼时称"义成门"）又移到今天的西街西端与城西环路交叉路口，西街总长得到很大的延伸。

至此，西街路线基本定型。从唐代始，西街承载了许多历史名人和名胜，例如黄守恭、欧阳詹、留正、李五、李廷机等的故居和开元寺、东西塔、城心塔、南外宗正司等，不妨说，它是泉州一个人文荟萃、商气繁盛的顶级大平台。

泉州列入世遗名录后，西街成为最热门的网红打卡点。熙熙攘攘的人流和热气腾腾的烟火气，让人们感受到了"市井十洲人"、遍地尽"陶朱"的都市风情。

"招宝侍郎"奠宏基

当代的人们提到泉州，自然要提到宋元时代它作为"东方第一大港"的荣光。但是"罗马不是一天建成的"。泉州"大港"地位的形成，既可追溯至唐代，其时已成为南方重要港口，更与闽国时代泉州刺史王延彬大力发展海外贸易密切相关。

王延彬（886—930），字表文，武肃王王审邽长子，祖籍河南光州固始，生于泉州。王审邽任泉州刺史12年后去世，王延彬继任，前后执掌泉州军政大权16年。他的叔父土审知是闽国创立者，鉴于闽国地狭民稀，且周边强邻虎视眈眈，为了搞好与中原王朝的关系，巩固闽国统治，便利用福州靠江面海的地理优势，开辟甘棠港，拓展对外贸易新航线，奠定了福建"海上丝绸之路"对外贸易的格局。其间，王延彬极力利用泉州港口优势，发展海外贸易，制定了许多有利于海外贸易的政策，带动了泉州航运业、手工业、商业和农业的迅猛发展。王延彬从海外贸易中获得巨大资财，博得"招宝侍郎"雅号。

留王守正展新猷

王审知去世后，闽国内乱不已。永春人留从效（906—962）乘势而起，据有泉漳，治泉凡17年。他采取息兵安民保土政策，大力发展农业生产，围海造地，兴修水利，泉州因此常"仓满岁丰"。尤其值得一提的是，留从效十分重视海外交通贸易，制定政策"招徕海上蛮夷商贾"，同时蠲除各种苛捐杂税，允许自由贸易。后晋开运三年（946年），留从效在泉州扩建新城，并遍植刺桐树，泉州因此别称"刺桐"。其时，泉州的陶瓷、铜铁器等货物运往东南亚、阿拉伯等地，从海外则运回象牙、犀角、玳瑁、明珠、乳香、樟脑等货物。在留从效苦心经略下，泉州城内货物充盈，商业繁盛，呈现"云山百越路，市井十洲人"的荣景。不妨说，泉州人的商业基因在其时注入，并因时因势发育成长，一脉传承，流播千年。

　　总之，宋代泉州能成为对外贸易巨港，成为汇聚各路商流的都会，与五代时期王延彬、留从效的长期经略密不可分，两人皆有奠基开创之功。

涨海声中万国商

"苍官影里三州路，涨海声中万国商。"在宋人李邴诗中，人们看到了黄金时期的泉州：千帆竞发、万商云集，货物堆如山积、都市熙熙攘攘……从北宋元祐二年（1087 年）设立市舶司开始，至南宋超越明州、广州，于元代登峰造极，泉州成为当之无愧的"世界海洋商贸中心"。在这块商贾辐辏的热土，蔡襄依靠民间的雄厚财力建起了我国第一座跨海梁式石桥洛阳桥。朱熹有感于泉州的繁华昌盛在州的文化地标开元寺题写楹联：此地古称佛国，满街都是圣人（其实这圣人中是有不少乐善好施的豪商巨贾）。赵汝适透露泉州与 58 个国家和地区通商，汪大渊随商船两度由泉州出洋游历，马可·波罗赞叹它为与亚历山大港齐名的世界最大的港口之一，伊本·白图泰详细描绘它的繁华富庶。宋元之交泉州的实际统治者蒲寿庚，其商业帝国的繁盛更是超乎想象。史料称他经营泉州凡 30 年，拥有众多海船，财力与势力之强大，甚至左右了南宋流亡朝廷的命运。

往事越千年，风流总被风吹雨打去。 明清以降，朝廷的海禁政策和海疆形势的动荡不已，致使泉州不可避免地走向衰弱，宋元时代的世界海洋商贸中心的雄风不再。 然而，正如历经沧海桑田的东西塔、洛阳桥仍坚强存在，泉州千年商脉依然留下了极其珍贵的"精神价值"。 在进入 21 世纪后，乘着中国伟大的改革开放的浩荡春风，泉州这座宋元时代的世界名城，正在焕发前所未有的活力和创造力！ 而伴随申报世界遗产的"马拉松"进程，人们对"泉州价值"的认知得到了新的拓展与深化。 泉州代表了11—14 世纪世界海洋文明的一座高峰。 东西塔、洛阳桥、安平桥、清净寺、灵山圣墓、九日山摩崖石刻等一批宏构杰作即是泉州辉煌文明的例证。 西方大旅行家马可·波罗和伊本·白图泰的游记对泉州繁华的赞誉，引发了西方世界对东方的向往。 值得一提的是，宋元时代还有不少泉州人到海外开基繁衍，为当地经济文化发展作出了显著贡献。 安海人李公蕴和陈日照还成为安南国王。

泉州是不同文化和平相处的典范。 作为曾经富有影响的世界级港口和海上丝绸之路的节点城市，泉州吸引了许多异域人士前来长期定居。 他们带来丰富多彩的异域文化，为泉州文化注入了国际化色彩，使泉州享有"世界宗教博物馆"之誉，并形成了海纳百川、兼容并包的城市品格。 不同民族文化在和平

泉州西街——最古老的商业街区之一（严文堪　摄）

共处中交汇融合，对人类文明进步产生了深远的影响。 泉州居民在接纳海外不同文化族群之经验中，学习到能欣赏、吸收别人文化之美的能力，表现出中华民族兼容并蓄、"美人之美"的文化气质。 2003年，联合国教科文组织决定，把首个"世界多元文化展示中心"设在泉州。

泉州还是承袭海洋文明基因快速现代化的优等生。 泉州因海而生，向海洋求生存发展，造就了泉州人爱拼敢赢、冒险犯难、重义趋利、务实包容的秉性，代代薪火相传。 辽阔的海洋成为泉州人展示聪明才智、创造物质和精神财富的舞台。 进入改革开放时代，泉州迎来新的发展良机，民营经济勃兴壮大，民间创业创新创富激情迸发，数十万家民营企业如雨后春笋茁壮成长，上市公司接二连三涌现，泉州成为"盛产企业家"的一方热土。 泉州经济总量连续 22 年位居福建省第一，跻身中国沿海发达城市之列。 从这里萌发成型的"晋江经验"昭告世人，这是富民之路、现代化强国之途。

在申遗成功后，作为世界遗产城市的泉州，博得了世界更频密的关注。 借力"世遗"红利，泉州有条件打造城市现代化和城市文明的"价值高地"。 衷心期待泉州汇集海内外群英继续深化研究和探索，为讲好新时代的泉州故事、创建世界遗产保护利用典范城市作出更大贡献！

泉州海外交通史博物馆(严文堪　摄)

《泉南歌》里说奥秘

在泉州开元寺里，坐落着泉州海外交通史博物馆古船陈列馆，其大堂前刻着宋人谢履写的诗作《泉南歌》："泉州人稠山谷瘠，虽欲就耕无处辟。州南有海浩无穷，每岁造舟通异域。"

谢履（1017—1094），是北宋惠安菱溪谢庄岭（今泉港区涂岭镇谢庄岭）人。宋仁宗嘉祐二年（1057年）进士。他入仕初期曾担任南安主簿、安溪县令，称得上是一个"泉州通"。从这首短诗可以直观地管窥当时泉州的生产生活状况，人们不难读出它颇大的信息量。

其一，泉州至少到宋代已是人口稠密地，人多地少的矛盾突出。的确，从今天的地理观论，泉州仅沿海有一小片平原，其他地方都是丘陵和山地，很难开辟出广阔的耕地，以农业为生缺乏最根本的基础。再者泉州的降雨时空分布极度不均，年降水量集中在4—9月份，特别是台风雨，时间短、雨量大，但古时限于经济与科技条件，尚无法建设大型蓄水工程，因此泉州的水资源比较贫乏，很难给耕地提供足够水源。

其二，泉州的东南部是浩瀚的大海，人们要生存只能从海洋找出路。从泉州发展史看，至少从南朝开始，南迁的汉人就开始主动拥抱海洋。几百年后，泉州形成了向海而生的发展模式，创造出古代中国首屈一指的海洋文明。

其三，泉州的人们为生存发展，每年都要建造海船，交通异域进行贸易。学术界的研究指出，先前的原住民闽越人是善于航海的，他们甚至到了太平洋和印度洋。有学者甚至认为，广袤的两大洋的大小海岛上，分布着许多南岛语族，他们的先祖就是闽越人。东晋后，中原入泉的汉人不断学习掌握闽越人先进的造船技术并改进提升，唐宋便具备了规模化向大海远航的能力，自然也催生出一个以海为生的商贾群体。

其四，泉州人在"耕海逐利"的商业活动中，铸就了敢于拼搏、冒险犯难的进取精神。林华东、林丽珍、苏黎明合著的《泉州学概论》认为，历史上泉州人长期的海上活动，尤其是海外贸易，始终表现出颇为顽强的拼搏精神。泉州人的这种做法，取得的成就，显得甚为耀眼。直至近现代，这方面的拼搏精神，仍然表现得很突出。从这段论述，我们也不难看到，当今泉州民营经济之迅速崛起、壮大，委实熔铸了先人"拼搏进取"的基因。

青史风流话"两司"

泉州在宋元时期能够成为世界海洋商贸中心,不能忽略设立市舶司和南外宗正司的作用,从特定意义而言,它们也是泉州商业力量成长壮大的孵化器和加速器。

泉州市舶司

北宋元祐二年（1087 年），泉州市舶司在泉州城南晋江江畔处设立，标志着泉州正式成为开放的国家对外贸易口岸，对宋元泉州的经济繁荣、文化交流以及扩展海洋贸易具有至关重要的意义。

泉州海外贸易虽然在南北朝就开始发端并逐步兴盛，到北宋初年已成为仅次于广州的全国第二大港口，但泉州人到海外贸易仍须到广州或明州（今宁波）这两处市舶司"请给官券"，有诸多不便。有了专门管理海洋贸易事务的官方机构，意味着泉州成为国家法定口岸，从此，经此发舶和登岸的中外客商纷至沓来。

泉州市舶司遗址(严文堪 摄)

市舶司的主要职责是：负责对番货海舶进行检查，防走私；办理海舶出海和返航手续；对海舶抽取额定货税；收购和出售进出口货物；接待和管理外国来华使节和商人等。 泉州市舶司自北宋设立至明成化十年（1474 年）迁福州，历经宋元明三朝近四百年（1087—1474），在这个风云变幻的历史舞台，上演了一幕幕跌宕起伏的大戏。 赵汝适、汪大渊、马可·波罗、伊本·白图泰的经典著作，成为后世探寻其辉煌故事的灯塔。 更重要的是，在"涨海声中万国商"的大时代所催生哺育壮大的商业力量，为泉州成为宋元中国的世界海洋商贸中心提供了坚实支撑，也为泉州生生不息、踔厉奋进积淀了厚重的商脉和精神财富。

南外宗正司

南宋初期，泉州成为朝廷的大后方，是支撑朝廷运行的重要财库。万商汇集、港城喧哗，极一时之盛。在众多商贾中，有一个特殊群体也参与了"捞世界"，他们就是当朝赵家皇族的一支。其由来还得从北宋末年谈起。靖康年间，金兵南侵，都城汴梁被攻破，徽宗、钦宗二帝被虏往北方。徽宗第九子赵构南逃，最终在临安（今杭州）建立了新朝廷，史称南宋。立国未久，金兵多次入侵，迫使赵宋皇族宗室逃亡海上。为了有效规避风险，朝廷便将宋皇族宗室大批南移。南宋建炎三年（1129年），349名宗子及其家眷乘船从海路来到泉州。对迁居泉州的皇族群体进行管理的机构——南外宗正司从镇江移置泉州。赵氏皇族群体就在这样的环境中繁衍生息。他们为官为商，广泛参与泉州各项社会事务与海洋贸易。据学者介绍，有以下几个特点。

一是利用政权力量，极大地推动了海洋商贸活动，使泉州的地位更加凸显。南宋疆域狭小，时刻受到强敌威胁。 为增加朝廷财政收入，大力发展海外贸易，"开洋裕国"遂成国策。 宗室曾有 11 人任市舶司提举，主导海外贸易发展达 77 年。 著有《诸蕃志》的赵汝适就是宗室成员。 百年间泉州海外贸易版图不断扩大。《诸蕃志》记载，当时与泉州通航通商的国家和地区已多达 58 个。 海内外贸易商品更加丰富。 从泉州输出的商品种类也多达 60 多种，除了传统的丝绸、瓷器外，还增加了酒、米、乌铅、铁鼎、绢伞、藤笼等新品种。 从各国各地区运进泉州港的商品有 47 项，包括乳香、沉香、龙涎香、鹦鹉、琉璃、象牙等等。

二是为泉州市场注入了数额巨大的消费资金，提高了生产能力，刺激了消费市场，促进了海内外贸易的快速发展。 以造船业为例，北宋天禧末年，泉州尚未列入全国 11 处造船场年产量排行榜。 而到了南宋，在海外贸易的带动下，泉州造船业发展已具相当规模，成为全国造船大户。 南宋初年宰相吕颐浩称赞："南方木性与水相宜，故海舟以福建船为上，广东、西船次之，温、明州船又次之。"

三是刺激了对进口的需求。 随着对金、夏战势稳定，朝廷奢靡风气日盛，对异邦高端奢侈品的需求剧增。 宗室通过泉州港大量进口香料、药材、珍宝等高端舶来品，各国各地区运进泉州港的商品中，香料和药材最多。 刺桐城俨然成为各国奇珍异宝的荟萃之地。城南的"聚宝街"就是当年的一处汇聚地。

四是为朝廷贡献了不菲的财富。由宗室主导的海外贸易，带来了滚滚财源。仅从舶税收入看，从公元1128年到1134年，泉州舶税收入两百万缗；到公元1162年，泉、广两市舶司舶税净收入增至两百万缗。据《建炎以来朝野杂记》记载，南宋绍兴末，泉州市舶司的收入每年大约在百万缗上下，约占南宋全部财政收入的近五十分之一。当然，宗室形成的"亦官亦商"的强势利益集团，也带来了严重弊端。它增加了泉州的财政负担，抑制了民间商业力量的发展，不可避免地同其他利益集团产生尖锐矛盾。南宋主政泉州的真德秀曾说，供给宗室之财赋倍多于昔，老百姓之不堪重负，为日已久！同时，它也破坏了泉州港的对外贸易。这些寓居泉州的宗室，仰仗皇室势力，在泉州横行霸道，也侵害了外商的正当权益，造成来泉贸易的外商踌躇不前。昔日那种"舶货充羡"的景象渐渐消失。南宋末年，统治泉州的蒲寿庚弃宋降元，大肆屠杀了3000多名皇族，南外宗室司在泉州依托地利"捞世界"的风光历史也随之终结。

元代繁华登顶峰

　　元代泉州港的繁华富庶达到了登峰造极的地步，意大利大旅行家马可·波罗和摩洛哥大旅行家伊本·白图泰的游记里，都详加备述。

　　元代是北方远离海洋的蒙古族入主中原建立的少数民族政权。何以在远离统治中心的大都（今北京），会出现泉州这样一个"世界级"的港城呢？后人的研究文章不胜枚举，一般观点是：

　　——泉州长期处于和平安定的状态。从五代到南宋，泉州都没有因朝代更迭遭遇大的兵灾，而在南宋末年风雨飘摇之际，泉州的统治者蒲寿庚背宋降元，客观上保全了泉州免于战祸。蒲寿庚降元后受到元世祖忽必烈的重用，被任命为闽广都提举福建广东市舶，以其丰富的经营管理经验和在海外诸国穆斯林海商中的威望，积极恢复和发展泉州的海外贸易，为泉州港在元代成为世界最大的商港之一奠定了基础。

　　——元朝政府对外实行开放，鼓励海外贸易。

元世祖于 1277 年在泉州设立市舶提举司，恢复海外贸易的正常活动，并进一步加强了南方市舶口岸与大都等北方地区的联系。 元世祖重用蒲寿庚，授予其行省中书左丞等要职，充分利用他在海外诸国的声望影响。 至元十五年（1278 年），元世祖命蒲寿庚等向海外各国商人申明欢迎他们前来元帝国贸易的政策。 由是泉州港的海外贸易，不但未因朝代更替而受挫折，反而继续发展，达到了前所未有的繁荣鼎盛局面。

——元朝在全国建立了完善的交通体系，便利了各地之间的交通往来及商旅货贩。 至元二十六年（1289 年），元朝政府建立了自泉州到杭州的海道水站，其间设海站十五站，置船五艘、水军二百，专运海外舶货及货物。 从浙西去京城大都十日便可到达。 依托江浙行省广阔而雄厚的经济腹地作为物质支持，泉州对内对外发展都游刃有余，成为中外商品的集散地。 由于元朝有完善和畅通的驿站和海站设施，泉州港源源输入的海外消费品，可以较快地转运至大都，供元朝统治阶级的享乐需要。

——泉州及周边地区形成了强大产业带，为外贸提供了丰富货源。 泉州晋江平原是传统的稻米产区。 周边县出产米、茶叶、麻、苎、棉、桑等粮食和经济作物。 所出产的白砂糖、茶叶、酒、麻布、苎布、印花布、葛布、绸缎等是"泛海售商"的传统外销品。 更为突出的是，德化、南安、晋江、同安、安溪等地烧制的陶瓷器（青、白瓷器）一直在东南亚、阿拉伯、日本、朝鲜等地畅销。 泉州生产的"泉缎"蜚声世界，远销南洋、印度、阿拉伯以及欧洲各地。 近年有学者认为西方文献里"zai ton"的读音不是指"刺桐"，而是指"泉缎"。 福建路建宁的腊茶，驰名中外，向为出口的畅销品。 闽北建窑烧制的黑釉瓷器，建阳生产的"建宁锦"，都是供泉州出口的名牌货。 与福建比邻的浙江处州龙泉窑烧制的青瓷器，从宋代时就经由泉州港大量销往海外，成为当时我国瓷器出口中的主流。 总体来看，元时的泉州港，已是全国内外物资的吞吐港。 不仅本地区、本省、邻省的大量货物云集泉州转销海外，而且腹地许多省份的名贵产品，如四川的绫丝、锦绫以及川芎、大黄、黄连、白芷、朱砂、麝香等药材，也不断贩运到泉州转口外销。 这一切都为泉州海外贸易，提供了更为充实的货源。

　　除了这些传统的解读，近些年日本京都大学著名的欧亚史学者杉山正明的新观点也值得重视。 他在《蒙古帝国的兴亡》《忽必烈的挑战》《蒙古帝国与其漫长的后世》等著作中认为，由成吉思汗及其子孙建立的蒙古帝国开创了史上第一个全球化体系。 这个疆域广袤的帝国包括了大元和四大汗国（察合台汗国、窝阔台汗国、伊尔汗国、金帐汗国），大元帝国居于主导地位。 虽然四个汗国是相对独立的国家，但同属于蒙古帝国体系，因此内部交通体系得到不断整合，人员往来、贸易往来都远超从前的时代。 中西方的交往也大为方便，例如马可·波罗及其父亲、叔父就是从欧洲的陆路经西亚、西域到达元大都的。从蒙古帝国体系的眼光看，忽必烈治下的蒙元帝国，打造了世界上最早的航海舰队，实现了太平洋西岸与东欧多瑙河流域之间的通商与联络，最终，形成了横跨亚欧两洲的"蒙古体系"。 为了笼络中亚、西亚的汗国，元帝国更加重视利用泉州业已形成的海上通道，向它们输送了许多贵重物资。 人们熟悉的马可·波罗就是担负护送阔阔真公主远嫁伊尔汗国的使命，从泉州远航的。 站在这个新视角上，我们或许可以说，泉州不仅是元代的世界海洋商贸中心，还是参与第一波全球化体系构建的重要推手。

郑和 "七下" 说 "支撑"

明代永乐、宣德两朝间，郑和曾奉命七下西洋，是中国人走向远洋的一次壮举，也是世界航海史上的奇观。 关于郑和下西洋的事迹，史不绝书。 而让泉州人感到亲切不已的是，郑和第五次下西洋时，曾到泉州的灵山圣墓进香，至今仍立有 "郑和行香碑"。

外行看热闹，内行看门道。 若我们掩卷发问，郑和带领上百艘帆船，两万多人马，浩浩荡荡航海跨洋，它背后的支撑和保障是什么呢？ 在帆船时代，远洋航行需要掌握丰富的气象知识，需要技艺娴熟的舵手船工，需要一站站的后勤补给，需要与所到国家打交道的翻译……这些问题是怎么解决的呢？ 十多年前，台湾学者汤锦台先生出版了《闽南人的海上世纪》，对此作出了回答。 他认为，郑和的七下西洋，有赖于泉州宋元时代业已形成和长期经营的海洋商贸网络。 从宋朝开始，泉州人便积极南下南海诸国，与东来的印度人、波斯人和阿拉伯人建立了密切的海上贸易联系，开启了闽南地区与印度和阿拉伯世界，甚至与非洲东岸的远洋交流。

根据泉州海交馆研究员李玉昆的介绍，郑和下西洋与泉州关系密切，郑和曾到福建招聘舵工、火长、杂役、武装官兵等。 泉州海外交通发达，泉州人到世界各地经商，拥有一批熟悉西洋航路、熟练掌握航海技术的人才和修造船舶的匠师。 因此，郑和到泉州物色这方面的人才，充实其下西洋的队伍。 他们所发挥的作用显而易见。 再者，当时航行海上，长时间吃不到新鲜蔬菜，将引发乘客患上坏血病，严重者会导致死亡。 稍后西方诸国开启的大航海时代，许多水手就是因为无法食用新鲜蔬菜，缺乏维生素导致坏血病而死亡。 郑和下西洋肯定也遇上这个棘手问题。 有位台湾学者告诉笔者，泉州先民很聪明，他们在船上运送瓷器的木箱上做文章，捆扎上一条条稻草绳索，将木屑铺在箱子上再撒上豆子，豆芽长出了一茬茬收成，源源不断保障了菜的新鲜。 当然，在茫茫大海航行，要善于观天象、识气候、知地理，这个难题又是如何破解呢？ 2016 年，由广东科技出版社出版的《中国历代海路针经》，打开了人们的眼界。

该套书详细介绍了自秦至清，举凡经由海路的官方出使、高僧播教、民间贸易、舟子针经、渔民捕捞等航行记载乃至航海图录。 书中对航海指南针经之出现、运用、记录，搜罗既详尤细，包括两宋载籍记指南针制造及罗盘始用于导航，掌控罗盘的 "火长" "番火长" 之出现，明清保存完好的两种海道针经《顺风相送》《指南正法》，以及流传至今的闽南、粤海大量针路簿、水路簿、更路簿，不但史料价值弥足珍贵，而且证明了郑和时代的中国航海水平处于世界领先地位。

通过条分缕析，我们得以窥探到郑和下西洋背后的 "支撑" 力量——泉州的海上商贸网络。由是，汤锦台进而认为，没有闽南人（主要是以泉州为中心）早期在海外各地的活动据点，就没有郑和船队七下西洋的可能性；没有闽南人先与印度、阿拉伯世界的海上交通，就不会有后来欧洲人绕过非洲打开东来亚洲航线的局面。

传奇富翁李俊育

提起"李俊育"这个名字，可能知之者不多，但如果说他就是历史上大名鼎鼎的富商"李五"，泉州几乎无人不晓。在泉州当地流传着"富不过李五，善不过李五"的说法，李五的传奇故事广为传播。

李五（1386—1457），字俊育，号自然，在兄弟中排行第五，所以人称李五，晋江凤池（今池店镇）人。李五出生的时候值明代开国早期，国家处于休养生息阶段。其时，泉州港因为元末的大动乱已趋于衰弱，明洪武时期泉州只限于与琉球通商，国际大港的地位不复存在。但国内的商业活动仍然活跃。李五自小随兄经商，很快就独自往来于江、浙、广一带。在民间传说中，李五是依仗"凤池糖"成为巨富的。闽南盛产蔗糖，李五乘季风将南边的糖运往北方，同时附带闽南特产龙眼干、荔枝干等各种土特产，用大船销往江浙京津等地。返程装载北边的丝绸、棉纱，以及京货运回南方，分发给家乡的妇女纺纱织布，再把加工好的丝织成品转销海内外，获得丰厚的利润。

　　"凤池糖"的来历则充满传奇。据说李五的糖仓规模很大，一次遭遇暴风雨，糖仓被凌厉的台风刮倒。风灾过后，李五清理货物时发现黑糖已经踪迹全无，尽被泥土覆盖。李五将手深深地插进泥土之中，恍惚间出于习惯，他将手指放进嘴里尝了一尝，顿时眼前一亮，他发现黑糖并没有完全溶化，且由黑色变为灰白，味道更为冰凉清甜。聪明的李五灵光一闪，挖了几捧这种"亦糖亦土"的混合物，拿回家进行研究。经过反复试验，李五制作出了一种与众不同的"赤砂糖"，质量明显优于其他蔗糖，因而销量越来越高。因为李五卖的糖产地以凤池为主，故称"凤池糖"。

　　李五最为人所称道的是他乐善好施的行为。他经商积累下大量财富之后，没有骄奢淫逸，贪图享乐，而是积极回馈社会。他的善行义举无数，历代史书碑铭多有记载。最为出名的当属重修洛阳桥。洛阳桥建于北宋，至明代时因为海沙淤积、桥基下沉等原因，每到大潮之时，海水便淹没桥面，给行人和商贸都造成很大麻烦。泉州郡守和晋江县尹有意加高桥墩，但由于工程巨大，官府无力承担，便求助于极富善名的李五。李五欣然应允，捐出黄金万两，将洛阳桥加高了6尺，彻底解决了来往行人的困扰。明代正统六年（1441年），萧元吉入闽，见证了李五的善举，撰写《赠陇西李公俊育重修洛阳桥序》，勒碑于洛阳桥头。清代乾隆二十六年（1761 年）重新镌刻，更名《凤池李俊育公增修洛阳万安桥碑记》，附于桥南蔡忠惠（襄）祠内。萧元吉还向明英宗陈文请旨，钦赐李五"乐善好施"金匾。另一件善举也足堪一述。宣德九年（1434 年），重修洛阳桥的巨大工程刚刚结束，李五又开始着手重修"六里陂"。"六里陂"在郡城南关处，从二十七都到三十五都，途经永福、和风、沙塘、常泰、兴贤、登瀛六个里，地跨今鲤城区、晋江池店一直到石狮市，迂回曲折四五十里，是当时晋江最大的水利工程。李五再出巨资，用一年多的时间，修筑堤堰，疏浚沟渠，兴建陡门，使晋东平原减除旱涝之患，成为当时泉州府的重要粮仓。

当然，作为在海滨邹鲁受过儒家文化熏陶的一代富商，李五也非常注重经商必须合乎道德，在追求利润时必须讲仁义，有德行。他一生的善行不胜枚举，例如为村民铺路修桥、建庙、办学，赈灾救难，解除纷争等，泉州人莫不敬服。李五完美诠释了"仁德"精神，成为备受一代代泉州人推崇的儒商典范。1988 年，乡人在晋江池店村凤池李氏家庙内创设李五纪念馆，以文献及实物介绍明代富商李五乐善事迹，供后人世代瞻仰。

李五的故居坐落在泉州古榕巷，相传是九落百间房，占地一万多平方米。 这里紧邻府城第一地标开元寺，连接三朝巷与井亭巷。 现今，古榕巷 12 号门上悬挂着"李五故居"牌匾，宅中仍然留有"制锦鸿猷"的字样，诉说着这个家族当年的辉煌。 与之相映成趣的是，在不远处，即显赫的南外宗正司遗址。人们流连此二处，遥想宋明沧桑风雨，吟哦"旧时王谢堂前燕，飞入寻常百姓家"，当会翻涌无限感慨。

李贽力倡"扬商说"

　　明朝中后期，倭患频发，海外贸易时禁时开，至隆庆朝开放月港，中国与进入大航海时代东来的西方诸国商人发生频繁互动。来自美洲的大量白银流入中国，刺激了工商业进一步发展。一般认为，在江南一带发达的丝织业中出现了资本主义萌芽。然而，明朝高度集权的专制统治导致政治黑暗，吏治腐败，社会弥漫奢靡之风，贫富差距急速拉大。

　　明世宗嘉靖六年农历十月廿六日（1527 年 11 月 23 日），李贽出生于福建泉州府南门外。其祖先乃元朝以后迁来福建，曾居于南安。李贽幼年丧母，随父读书，学业进步迅速，并养成倔强刚毅和善于独立思考的性格。年轻时代在泉州的生活，让他真切感知了社会经济发展的基本面，形成了自己独特的价值判断。在风起云涌的社会大变动年代，他坚定地冲破儒家传统观念束缚，反对理学空谈，倡导功利价值，批判重农抑商，扬商贾功绩，成为具有超越时代、富有远见卓识的思想家，契合了明朝中后期资本主义萌芽的发展要求。

　　李贽生活的时代，占据主流意识形态的程朱理学大行其道。道学家们片面解释儒家的"义利观"，将"义"与"利"简单对立。将喻"义"者褒扬为君子，将喻"利"者针砭为"小人"。李贽不同意道学家宣传的"正其义不谋其利，明其道不计其功"的说法，认为人类的任何举动都有其谋利和计功的目的。李贽承认个人私欲的合理性，认为"私者，人之心也，人必有私而后其心乃见"。人与人之间的交换关系、商业交易合乎天理。

　　基于这种理性认识，李贽对封建社会的男尊女卑、重农抑商、假道学、社会腐败、贪官污吏，大加痛斥批判，主张"革故鼎新"，反对思想禁锢。李贽把最猛烈的批判火力指向维护封建礼教的假道学和满口仁义道德的卫道士、伪君子。他揭露道学家的丑恶面目，指出他们都是伪君子，"名为山人，而心同商贾，口谈道德，而志在穿窬"，仁义道德不过是掩盖他们卑鄙龌龊的假面具。他还指斥那些所谓的道学家们：名心太重，回护太多。"实多恶也，而专谈志仁无恶；实偏私所好也，而专谈泛爱博爱；实执定己见也，而专谈不可自是。"他辛辣地讥讽他们"及乎开口谈学，便说尔为自己，我为他人；尔为自私，我欲利他"，实际上都是口是心非，言行不一的伪君子，反倒不如"市井小夫"与"力田作者"实实在在。李贽无情地指斥道学家们是一群道貌岸然的假道学，"阳为道学，阴为富贵，被服儒雅，行若狗彘"。他们满口仁义道德，实际上是借道学这块敲门砖，"以欺世获利"，为自己谋取高官利禄。尤其可贵的是，李贽思想中的"扬商说"。其时，明朝廷仍坚持逆历史潮流的禁海政策，给民间商业活动造成严重摧残，人民生活困苦。李贽深刻体察禁海之弊，高度肯定商人的经商活动。在《焚书·又与焦弱侯》中，对商人经商活动遭遇的苦难表达深切同情，对士大夫阶层鄙薄商人和商业行为给予最直接的否定。

李贽以大无畏的战斗精神，烛照着晚明黑云沉沉的夜空。李贽的思想博大精深，振聋发聩，他孜孜不倦地对原儒经典进行诠释，以求打破晚明的思想禁锢。他对童心、私心、势利等观念的提倡，唤醒了人们的主体意识，为商业的发展做了思想方面的动员，引起了人们对实学的关注。李贽的思想堪称经世致用的实学思潮独立兴起的标志。他的思想不但成为后世人们反对封建专制的理论武器，而且也跨越国界广泛流播，并成为日本明治维新的思想动能。

在中国浩瀚奔流的历史长河中，李贽是独树一帜的伟大思想家。知往鉴来。改革开放 40 多年来，中国经济发展突飞猛进的奇迹证明，民营经济有着重要贡献，但不时还有各种排斥民营经济的"否定论"

"退场论"噪声泛起，李贽的 "扬商说" 因之依然具有积极的时代意义，为国人坚定 "两个毫不动摇" 注入了深邃的思想养分。

李贽故居

威震台海展雄风

在天崩地坼、风云变幻的明清之交，中国的东南沿海，崛起了一支以郑成功（1624—1662）为代表的强大海上力量，他以坚韧不拔的意志，同入主中原的清政权进行顽强的斗争，反抗其实施的残酷民族压迫。他毅然挥师东渡，将荷兰殖民者赶出台湾，捍卫了中国的领土，为其后清王朝最终实现统一奠定了基础。郑成功的崇高爱国主义精神和维护国家领土完整的丰功伟绩，使他成为彪炳史册的民族英雄。

长期以来，总有人在问，郑成功只有厦门、金门等沿海少数地盘，为什么有能力同清廷对峙十多年，甚至一度兵临南京城下？为什么有能力横渡台湾海峡，打败当时号称"海上马车夫"的荷兰殖民者？梳理林林总总的研究文章，我们对这个问题，可以一言以蔽之：盖因强大的商业力量支撑。

本质上，郑成功政权是一个"军事—商业复合体"。它起源于郑成功的父亲郑芝龙主导的闽粤海商集团。郑芝龙出生于1604年，早年追随舅舅黄程在澳门经商，后来投靠大海商李旦，在李旦去世后接管了他庞大的家产，并扩大了自己的海上势力。1628 年，郑芝龙受到明廷招抚，势力进一步壮大。他以闽粤和台湾为根据地，控制了台湾海峡制海权，积累了巨量的财富。在与其他海上势力和荷兰殖民者的交锋中取得了压倒性胜利，成为大航海时代东亚海域举足轻重的人物。

郑芝龙缔造的海上基业被郑成功所继承。在抗清征战中，郑成功提出了"通洋裕国"的战略思想。这个思想的实质是"以商养战"，纵观中国古代军事史，它的实践别具价值。郑成功只有少数岛屿和滨海地区，其庞大的后勤给养来自四大渠道：

——继承郑芝龙开创的海外贸易的垄断地位，充分利用自己的海上力量优势，把内地的出口物资通过秘密渠道运往海外，取得巨额利润。

——牢固控制台湾海峡制海权，向过往船只征收税金。海舶不得郑氏令旗不能往来。

——在攻占的地区征收粮饷。如多次进攻闽中、闽西、广东潮州征粮，特别是潮州成为郑军粮食主要来源地。

——田租园租收入。郑芝龙在闽台粤拥有数万顷田园，每年可以收取丰厚的租金。这些财产后来也被郑成功继承。

值得一提的是，郑成功经营海外贸易的组织形式具有相当的先进性。 例如闻名遐迩的陆海"五大商"组织形式。 陆上五商是设在杭州及其附近的金、木、水、火、土商行，海上五商是设在泉州及其附近的仁、义、礼、智、信商行。 它们采取分工合作经营的方式，由陆五商先行领取公款，采购丝货及各地土产，将货物交海五商，再向国库结账，并提领下次的购货款。 而海五商接到货后，就装运出洋贸易，待返航后同国库结算。

立于大坪山顶的郑成功雕像(严文堪　摄)

郑成功的主要贸易对象是日本，开辟有从安平直达长崎的航线。 与东南亚的吕宋、暹罗、柬埔寨、越南的贸易关系也很密切。 同荷兰也有贸易关系，后因荷兰殖民者不遵守协定，抢劫郑氏商船，1655年郑成功禁止与占据台湾的荷兰人通商。 后来郑成功率领大军收复台湾，除了有建立稳固抗清基地，延续明朝正朔的目的，也有保护自身海上商业利益的因素。

以商养战，以小搏大。郑成功抗清驱荷、威震台海所谱写的壮丽篇章，蕴藏着强大商业网络和海上武装力量一体互动的奥秘。清人郁永河曾评曰："成功以海外弹丸之地，养兵十余万，甲胄戈矢罔不坚利，战舰以数千计，又交通内地，遍买人心，而财用不匮者，以有通洋之利也。"今天，加快推进现代化强军建设，历史深处郑成功"通洋裕国"的实践，依然可以提供有益的启示。

"安平商人"响当当

　　提到"安平",人们自然想起举世闻名的安平桥。它于 1961 年 3 月被列入第一批全国重点文物保护单位。2021 年 7 月 25 日,"泉州:宋元中国的世界海洋商贸中心"成功列入《世界遗产名录》,安平桥是 22 处代表性古迹遗址之一。

安平桥

　　"天下无桥长此桥"的安平桥举世闻名，但其实安平的另一个人文品牌"安平商人"同样响当当。毫不夸张地说，它在中国历史上的地位独树一帜，足与"晋商""徽商""粤商"等商帮分庭抗礼。

　　安平现称安海，位于晋江市南部。早在隋唐时期，安海就已成为泉州港的内陆支港，安平商人就航行海外经商贸易。随着泉州海外交通的发展，安平港成为泉州港口群中的重镇，安平商人出海经商更蔚然成风，由此带来安平地方的繁华富庶。据称，宋时安海的集市贸易就相当发达，有东西二市，东市又设内市和外市，如今镇区东部的桥头村，曾是内市的所在地，尚存古地名"内市"。当年的三里街上，酒楼茶肆林立，店铺鳞次栉比，来自内地的山珍和随商船运入的海货在这里汇聚，熙熙攘攘，好似东南沿海的"清明上河图"。

　　元末战乱，安海未受波及。进入明代，泉州贸易重心移至安海，由是，明代成为安平商人开展海上贸易的鼎盛时期。此前百年朝廷政策内敛，施行禁海，泉州内港衰落不振。然而民间向海谋生的动力并未泯灭，安海港遂成为闽南民间对外自由贸易的主港。明中叶后海禁松动，准许月港与海外通商。安平商人多到月港申请对外贸易的许可。安平商人既从事国内贸易又从事海外贸易，行商区域广阔，足迹遍及大江南北、长城内外，乃至西南少数民族地区，海外则泛东西洋。 安平商人输出的货物主要是从海外采购的胡椒、木香、象牙、明珠、翡翠以及吉贝、苎、丝、锦、绮、荔枝、龙眼、柑等。

隆庆五年（1571年）西班牙人占据吕宋（今菲律宾）马尼拉之后，安平商人往吕宋贸易形成一股风气，至万历年后进入高潮。 安平商人从事的海外贸易以吕宋贸易居首位。 史称李寓西、陈斗岩，首航吕宋，获巨利归。 又有颜嘉冕先后到顺塔洋（今印尼爪哇西部）和旧港一带经商，陈士勋商于咬留吧（今印尼雅加达）而卒。 进入大航海时代，安平商人积极参与与西方、日本、琉球、朝鲜等国的贸易互动。 安海商船经常出没于长崎港，平户一带聚居着大量安平商人。 他们垄断了中国货物对日本的输出，也成为欧洲人寻求开拓中国市场的中间商。

安平商人最显著的特征是"以海为田、入海贾夷"。 明代史学家何乔远在《闽书》中写道，"安平一镇尽海头，经商行贾，力于徽、歙，入海而贸夷，差强资用"。 而最值得称道者，莫过于安平商人对中国海权的捍卫。 其时历史进入西方人主导的大航海时代，西方殖民者相继东来，仗着先进科技和坚船利炮，逐渐取得海上霸权。 在与西方殖民力量的互动中，以郑芝龙、郑成功为代表的安平商人强势崛起。郑芝龙在安平开府，成为安平港最有力的统治者，建立了庞大的商业网络和强大海上武装，奠定了郑氏海商集团长达 60 年称雄台海的基业。 面对西方殖民者咄咄逼人的态势，郑芝龙郑成功父子毫不畏惧地同他们竞逐海上，多次对他们的冒犯给予痛击，牢牢掌控了台湾海峡的制海权，遏制了西方殖民者的侵略势头。 1661 年 4 月，郑成功率领强大的武装船队登陆鹿耳门，经过 9 个月苦战，终于完成驱荷复台大业，捍卫了中国领土，守护了辽阔海疆。 郑成功收复台湾后，为纪念家乡，特地将开府地命名为"安平"（今台南）。 自是，海峡两岸两"安平"结下凤缘，"安平商人"的谱系和商业版图进一步扩大。 有必要提及，安平商人中也活跃着杰出女性的身影。 例如郑芝龙的继母黄氏主理了鼎盛时期的郑氏府第家业，郑芝龙的夫人颜氏是其经营商业帝国的得力助手。

清取代明后，厉行海禁，加剧闭关锁国，安平港无可避免趋于衰弱。 但数百年积淀下的经商基因仍贯注邑人血脉，在月港、厦门、广州等港城，依然活跃着安平商人的身影，以广东十三行的伍秉鉴（1769—1843）最负盛名。 伍秉鉴先祖在康熙年间由福建泉州迁至广东广州，家族从事广东与福建之间茶叶的买卖。 1801 年，伍秉鉴从兄长手里接过怡和行，着力把怡和行做大做强。 伍秉鉴是清廷允许与外国人交易丝绸和瓷器的少数中国商人之一，由此赚取了巨大的财富。 他还借出大量的金钱给外国商人（每次百万银圆）以交换部分的船只出货，更与客商建立了稳固的商业关系。 一些和他有过生意来往的外国人的官邸里，一直悬挂着他的画像。 2001 年美国《华尔街日报》（亚洲版）刊登了《纵横一千年》专辑，统计出一千年来世界上最富有的 50 个人。 伍秉鉴以纯粹的商人身份上榜。

早在明代，就有关于安平商人的著述，例如李光缙的《景璧集》，何乔远的《闽书》《镜山集》等。 现代人的研究文章更是不胜枚举，而著名明清经济史大家、厦门大学历史系教授傅衣凌先生，对明、清安平商人特点的描述，尤为值得关注：

第一，欧洲中古后期的商人，以冒险远征为目的，有开辟新天地的宏愿，安平商人则刚刚相反，以收为主，这是中外海商性格的不同点。

第二，中国商人有与官僚勾结的一面，也有不勾结的另一面。 这个不勾结，固能摆脱封建特权的纠缠，然他们没有政治上的凭借，每易起落无常。

第三，安平商人还是农贾兼业，以农为本，就是说，中国的商人资本始终没有脱离土地权力的羁縻。

第四，安平商人与乡族势力关系密切，造成安平商人身上所具有脆弱的性格。 但同时，也形成了安平商人勤俭节约，乐善好施的优良品德。 他们或捐资修路造桥，或赈济孤独鳏寡，或倡建堂庙，或置祀田、塾田等。

安海千百年来一直是闻名遐迩的商业重镇，而且也是很有分量的历史文化名镇，因此，"贾儒兼营，从儒入贾"成为安平商人的特色标签。 在厚重文化的浸染熏陶下儒商辈出，不仅以诚信行天下，更善于以智取胜。 南宋诗人刘克庄诗云："闽人务本亦知书，若不耕樵必业儒。 唯有桐城南郭外，朝为原宪暮陶朱。"何尝不可比附安平商人的"贾儒兼通"之特色呢？ 从古至今的许多案例，极大丰富了"晋江经验"和"泉商文化"的内涵，也为新时代弘扬传承"晋江经验"、坚定文化自信提供了不竭的源头活水。

鸦片战争后，中国沦为半殖民地半封建社会。山河破碎，内忧外患交织。泉州迭遭战乱匪患，百业凋敝，迫使大量人民"下南洋"讨生活。他们经过顽强拼搏，在侨居地立足生根、开枝散叶。在风云际会中产生了一个侨商群体，陈嘉庚、黄奕住、李清泉、李光前等是其中的佼佼者。他们秉持中国文化的传统美德，富不忘本，乐善好施，同时积极促进各种文明交流，充当引领中国融入世界现代化潮流的重要推手，为祖国、为桑梓摆脱积贫积弱的处境、实现进步发展作出了杰出贡献。尤其值得浓墨重彩书写的是，广大泉籍侨商，成为家乡开启改革开放伟业的第一推力。泉州民营经济的勃兴和"晋江经验"的形成，与"侨"的积极参与、促进密不可分。

第二篇 侨商流芳

陈嘉庚：为父还债彰显信誉

在中国灿若星辰的历史名人中，陈嘉庚是极其耀眼的一位。开国领袖毛泽东赞誉他是"华侨旗帜，民族光辉"。

众所周知，陈嘉庚（1874—1961）曾是闻名遐迩的华侨富商，当他创办企业有成后，便慷慨解囊建立了集美学校和厦门大学，还做过无数公益事业。他因之成为备受尊敬、影响力巨大的侨领和慈善家。

考察陈嘉庚青壮年时代，实业之能够拓展精进，与他秉承中华文化的优秀品德是分不开的。"为父还债"的故事就是生动写照。

陈嘉庚出生于泉州府同安县集美社。他的父亲陈杞柏幼年南渡新加坡，在其兄长的米店工作，从勤俭中累集资金，在19世纪70年代创立顺安商号。除经营米业以外，还兼营地产，经营硕莪厂，开辟黄梨园数百顷，创办黄梨厂，以制成品外销欧美各国。1900年是陈杞柏实业的顶峰，其资产共40余万元（叻币）。陈杞柏实业上的成功为陈嘉庚后来独自创业提供了重要的条件和基础。陈杞柏与孙厝孙夫人结婚，1874 年陈嘉庚出生，1889 年陈敬贤出生。

陈嘉庚幼年时，在集美接受母亲教育。9 岁入南轩私塾就学。长大成人后，于 1891 年渡洋前往新加坡谋生。在父亲经营的顺安米店服务了 13 年。1897 年，集美发生一场瘟疫，陈嘉庚的慈母孙氏不幸染病去世，但父亲因顺安商号正处于发展的关键时刻，且产业扩展遇到资金流动不畅的问题，不允许陈嘉庚回国奔丧。两年后，陈嘉庚终于获准回到集美，补行七天守灵礼仪，出殡安葬了母亲。次年冬，陈嘉庚再度返乡，迁徙了母亲的坟墓。然而，就在陈嘉庚两年为母亲事忙碌奔波中，父亲陈杞柏的顺安商号却遭到重挫。原因是这两三年间地产跌价，顺安的借贷方印度商却提高了利息，致收入亏损，付出增多。再者乃是管理不善，父亲年老多病，将店务交给族叔管理，但监管不力，父亲陈杞柏三姨太和养子经管的其他两店一塌糊涂。其三是三姨太和养子还侵用公款赌博，由是造成顺安负债累累，只得于 1904 年停业，欠债权人 25 万元。陈嘉庚接手衰败的家业后，于 1904 年创建新利川黄梨厂，承接了一个也经营菠萝罐头厂的日新公司，自营谦益米店。其时按英国法律规定"父债子免还"，陈嘉庚完全可以躲开债务另行创业。但陈嘉庚却做出了出人意料的举动，决心自己独力偿还父亲的债务。

他说，家君一生数十年艰难辛苦，而结果竟遭此不幸，余是以抱恨无穷，立志不计久暂，力能做到者，决代还清以免遗憾也。 此时陈嘉庚身上仅有 7000 元，虽然经济拮据，陷入困境，却放弃"无需偿还"的法律之路，而是按中国伦理，毅然宣布将为父还债。 这一举动震惊了新加坡社会。

陈嘉庚从急需获利还债的实际出发，选择一个投资省、利润最容易获得的项目。 趁地产下跌，在狮城近郊三巴旺买下一块山地，因陋就简建起一座黄梨罐头厂，并购买二手设备开始生产。 是年，陈嘉庚之弟敬贤来新加坡管理谦益米店财务，主理新利川菠萝厂业务。 兄弟齐心协力拼搏奋斗，"谦益号"生意越来越兴隆，成为陈嘉庚企业的枢纽和中心。 1905年，陈嘉庚创办"日春黄梨厂"（兼制冰）。 1906年，陈嘉庚入股恒美熟米厂，专营碾磨熟米销往印度。 后来，他又买下五百亩的"福山园"套种橡胶，为其后创建东南亚橡胶王国打下牢固基础。 在陈嘉庚陈敬贤兄弟苦心经营下，自 1905 年起，各家商业均起色获利。 陈嘉庚不顾亲友反对，花了许多时间和精力找到债主，到 1907 年为止，连本带利还清了父亲所欠的债务。 此事成为新加坡华人商业史上一大佳话。

陈嘉庚"一诺万金"的信誉迅速传遍了东南亚。此后，人们十分相信陈嘉庚的商业道德和信誉，都愿意与他做生意。 正是基于自己经商生涯中对"诚信"和"坚韧不拔"理念的执着，陈嘉庚给自己创立的集美学校制定校训"诚毅"，给厦门大学制定校训"自强不息"。 百年以来，许多投身商界的学子，都为嘉庚精神所感召、激励，自觉践行校主遗训，薪火相传、发扬光大。

厦门大学群贤楼前的陈嘉庚塑像

黄奕住：民国第一华侨金融家

在"海上花园"鼓浪屿，曾经有 160 多座别墅同属于一个主人，他是厦门的自来水公司、电灯公司、电话公司等市政设施的主要投资者，还是拥有发钞权的中南银行董事长。这就是享有"民国首富"之誉的华商巨擘黄奕住。

黄奕住（1868—1945）出生于南安市金淘镇。他小时候家境贫寒，勉强上了数年私塾后便失学，协助父母种田。12 岁时，他开始从师学习理发手艺。由于一次理发时误伤了财主顾客，被威胁将对他报复，于是他被迫远走印尼谋生。

从 16 岁带着家里卖田获得的 36 元闯印尼，到 35 年后带着 2000 万美元回到中国定居，并开辟"实业兴国"新境地，黄奕住演绎了一部穷小子完美逆袭的人生大戏，其间的传奇故事不计其数，但最为人们津津乐道者有二。一是扔掉剃头挑子决然从商。青年黄奕住到印尼好几年，还一直是靠理发手艺谋生。一次为一个老者理发，老者问他想不想发达？他回答当然想，只是自己没本钱没方向，不知怎么干，恳求老者指点一二。老者说，你把剃头挑子扔了，表明你从此以后决心走一条新路，我再给你指路。于是，黄奕住毅然走到海边，将剃头挑子扔进海里。二是低价购糖乘机发财。黄奕住经老者指点后，开始从事奔走于城市与农村之间的杂货贩卖，有了一定积累后，转向设厂生产蔗糖。一次，有家贮糖仓库失火，他派儿子调查，发现堆在中间的一袋袋糖还能用，便低价买进重新包装。由于时机不对，这批糖囤积多时无法出售。然否极泰来，第一次世界大战结束，欧洲糖价狂涨，黄奕住的囤货以数倍价格脱销。他的实业越做越大，跻身印尼"四大糖王"。

1919 年 4 月，黄奕住带着家眷回国。原因是统治印尼的荷兰当局向华商强征"战争税"，弥补参加一战的巨大亏空。黄奕住不甘顺从，就变卖和处理了在印尼的产业，带着 2000 多万美元的巨款回到祖国，定居厦门鼓浪屿。有感于南洋华侨多为中小商人，向欧洲人开设的银行借贷经常受到盘剥，黄奕住决定开办一家为南洋华侨提供贷款服务的银行。他多次到上海考察，在黄炎培的引荐下，邀请了著名报人史量才、银行家胡笔江加盟，终于 1921 年在上海宣布中南银行成立。黄奕住占 70% 的股权，担任拥有发钞权的银行董事长。当时民国政府只允许三家银行发行钞票，中南银行就是其中之一，其他两家均是老牌国有银行，显见当时的黄奕住资金雄厚，可谓富可敌国。

黄奕住捐建的厦门大学群贤楼

黄奕住是南洋华侨回国投资创办银行第一人。中南银行的命名，含有中国南洋华侨银行之寓意，表达了黄奕住对国家的热爱之情，也表达了南洋华侨的共同心声。在黄奕住主导下，中南银行紧随世界潮流，积极尝试建立现代化公司管理体系。其总部设于上海，是因为其时上海是中国经济重心，工商业发达，万商云集，咸称"冒险家乐园"，又拥有得天独厚的地理优势，东向浩瀚的太平洋，西以黄金通道串联起神州广袤腹地，显示出黄奕住的远见。他有计划地在天津、汉口、厦门、香港等经济发达地区增设基础营业网点，抢占市场份额，实现了规模扩张，获得了丰富利润。

黄奕住除了亲手开办中南银行外，还投资参股多家银行，包括厦门商业银行、中国银行、香港东亚银行等。 在海外，他参股新加坡华侨银行、菲律宾中兴银行。 黄奕住的后半生积极奔走，不断扩展着金融保险业版图，堪称中国金融现代化的先驱者与泰斗。

长期以来，对黄奕住在中国现代金融业的作用与贡献，尚缺乏系统的整理与介绍。 2022 年春，曾经任职于厦门大学中文系的孙立川先生（香港天地图书出版公司原总编辑，京都大学博士）与朱南先生（香港侨裕公司原副总经理，曾任福建省政府副省长黄长溪秘书）合著《黄奕住大传》出版，填补了先前的缺憾，让人们对黄奕住卓越不凡的一生加深了全面了解，增添了几分敬意，同时从中也得到更为深邃的启示。近代以来，帝国主义的侵略凌辱、频繁的战乱和政权更迭的巨大震荡，使中国的现代化进程时断时续，举步维

《黄奕住大传》（王伟明　摄）

艰。 在企业经营管理和金融等领域，许多现代化知识尚处于零散碎片化阶段，黄奕住的实践经验与成就，对今人而言仍有"高山仰止，景行行止"之感，实为需要系统学习的标杆。

作者与孙立川先生在黄奕住故居留影

李光前：缔造"李氏王国"
长青基业

    李光前是举世闻名的华人大企业家。他有两个身份特别引人注目：一是陈嘉庚的女婿，二是著名的慈善家。他从独立创办企业，及至成为华商中的巨富，都一直鼎力支持陈嘉庚先生"教育救国"的事业，捐助了大量资财。抗日战争期间创办国光学校和新中国成立后扩建厦门大学，李光前先生厥功至伟。

    李光前（1893—1967），原名李玉昆，福建南安人。他被陈嘉庚先生慧眼识珠的故事一直为人们津津乐道。1903年秋天，年仅10岁的李光前随父亲乘船自福建去新加坡谋求生计。船开出不久气温剧降。船上多数是福建人，来自穷乡僻壤，衣衫单薄，冻得直打哆嗦。其时陈嘉庚也在船上。他看到大家被冻成那样，就吩咐仓库保管员："我姓陈，你通知乘客，给每人发一条毯子，费用由我来出。"但保管员在通知中变成了"乘客中姓陈的，每人发一条毯子"。 船上旅客为拿到毯子御寒纷纷报名说自己姓陈。 不久，陈嘉庚到各船舱查看，见一个十来岁的少年仍穿单衣，躲在角落里冻得牙齿直打战，连忙问他为什么没去领毛毯。 少年说："船上通知姓陈的才可以领毛毯，我姓李，不能冒姓去领。"这位少年就是李光前，他这种诚实的举动，给陈嘉庚留下了深刻的印象。 十几年后某个雨天，正在庄希泉公司任职的李光前在吃饭时遇到陈嘉庚。 他见陈嘉庚冒雨买食物，主动把雨伞借给他。 性子甚急的陈嘉庚接过雨伞，对李光前说，明天来我公司取伞，便匆匆地离开了。 次日李光前如约前去取伞，交谈中，两人颇投缘，话题逐渐深入。 恰此时有个美国商人到公司，想要面见陈嘉庚洽商业务，但伙计们都不懂英语，李光前就主动当起翻译，促成了这单生意。 陈嘉庚非常赏识李光前的人品和能力，就向老友庄希泉"讨"来李光前。 李光前加入了陈嘉庚的公司，一干就是 11 年，不仅帮陈嘉庚赚取大量资金，而且同陈嘉庚的长女喜结良缘，成为陈嘉庚的爱婿和贴心骨干。

李光前"广泛济世"的善行义举被广为传颂。在他开始独立创业后，李光前就孜孜不倦地投身慈善事业。 他的格言是"钱由我辛苦得来，亦当由我来慷慨捐出"。 李光前捐助的对象不分种族、籍贯、地域或宗教，他的善举几乎遍及世界各地。 例如，他先后捐资兴建了南洋大学、新加坡大学、马来亚大学、道南学校、光华学校等，对新马地区华文教育的发展厥功至伟。 为了让慈善济世的精神永续，李光前用心良苦地将慈善资金制度化。 1952 年，他创立李氏基金，把南益集团的部分资产捐作基金。 1964年，又将个人名下的全部股权（占南益总股份的48%）捐献给李氏基金。 作为南益集团最大股东的李氏基金，每年数目可观的股息，永久性地全部用于慈善事业。 李氏基金会成立以来向医疗、教育、科技、文化等公益事业提供了巨额款项。 自 1980 年起，"李氏基金"先后捐资给集美大学、华侨大学、南安梅山光前学村、泉州华侨历史博物馆及其他公益事业达 2 亿元。 1991 年 12 月，李光前的三个儿子李成义、李成智、李成伟又和马来西亚著名实业家、慈善家李成枫先生一起，在自己的家乡福建南安倡导成立了芙蓉基金会，以期促进家乡文化教育、医疗卫生及其他社会公益慈善事业的发展。 30 多年来，"李氏基金"通过芙蓉基金会注入巨资持续支持家乡公益事业。 据新加坡《时代财智》报道，至 2012 年，李氏基金会已经为各项慈善事业累计捐赠超过 7 亿新元的善款，成为新加坡最大的慈善基金组织。

在商言商。 李光前从出身寒门的"放牛娃"成长为华商巨擘，缔造了长盛不衰的"企业王国"，堪称华人商业史上的奇迹。 1927 年，李光前离开陈嘉庚的谦益公司独立创业，极具眼界的他收购了一位英国商人着急抛售的 1000 英亩胶园。 不久，果如他的预料，政府修建公路经过，地价翻倍增值，他净赚 30 万，开办了南益公司，并安然渡过经济危机。 他深耕橡胶产业，创立的橡胶王国，对世界橡胶业产生举足轻重的影响。 其后李光前进军金融业，与人投资合办华商银行，后将其与本地两大银行合并为华侨银行。 迄今新加坡华侨银行仍是国内银行业的龙头，在新加坡和世界各地设有分行。 李光前一跃成为海内外著名的华人实业家和金融家。 李光前还积极投资其他领域，逐渐使企业经营走上了多元化的集团道路。 非常难能可贵的是，他的企业不但一路稳健前进，而且他和夫人陈爱礼养育的三个儿子李成义、李成智、李成伟都十分出色，将他开创的事业继续传承光大，谱写了华人商界的长青奇迹。

李清泉：倾力建设新福建

　　李清泉是蜚声菲律宾的"木材大王"，也是从晋江走出去、享誉南洋的一代华侨领袖。李清泉从二十世纪初直到太平洋战争爆发前夕，一直是活跃在菲律宾政治、经济舞台的杰出人物。在李清泉的领导下，菲华社会虎虎有生气。在抗日战争期间，他协助陈嘉庚，团结广大南洋华侨同仇敌忾共赴国难，发起成立南洋华侨赈济祖国难民总会，被推举为副主席，成为陈嘉庚最得力的助手。他被称为"菲律宾经济发展史上占有永久地位的人"，是菲律宾华侨史上卓有建树、声誉卓著的爱国华侨领袖。

　　李清泉（1888—1940）出生在晋江市金井镇石圳村的一个华侨家庭。12 岁那年，他到美国领事与中国人合办的厦门同文书院学习英文。后来他随父亲赴马尼拉工作，又来到香港圣约瑟西文书院学习。在香港四年里，李清泉英文学业精进，并且耳濡目染了香港进行的现代化城市建设。其中影响最深的是，金融在经济建设中如何起作用。

1920 年代晚期，李清泉的木材生意达到全盛期。 他拥有两个持有伐木和锯木长期特许权的大林场，一家主要为他自己公司的岛间运输和出口服务的船运公司，还有一支运输船队、接驳船艇，以及码头设施。 植林、采伐、贮木、锯木、制材、加工、销售、运输和出口等一系列经营环节都掌控在自己手里，木材可以运到美国、澳大利亚、中国、日本、欧洲和南非。 因此，在菲律宾，李清泉有"木材大王"的美誉。 1919 年冬天，李清泉结识了来菲律宾观光的黄奕住，彼此一见如故。 为改变当时金融业被外国人垄断的局面，他们合作发起成立中兴银行，于 1920 年开业。 这家华人银行帮助菲华社会的许多华商调剂运用资金，促进了华人资本的积累，并对其后菲律宾的发展产生了潜在的积极影响。 李清泉通过银行建立领导核心的做法，后来也为马科斯总统所效仿。

李清泉于 1919 年当选为马尼拉中华商会会长。从那时至逝世，他一直是菲华商会的实际领导者。在维护华商权益方面作出了卓越贡献。 其中，废除歧视华侨、限制华侨工商业发展的法案——"西文簿记法案"足堪记述。 1921 年 2 月，菲律宾国会通过了"西文簿记法案"。 该法案规定，华侨工商业户记账不准用中文，必须用英文、西班牙文或菲律宾文，违者处 1 万比索以下罚款或 2 年以下监禁。 法案颁布后，在菲华社会引起轩然大波。簿记法无疑对华侨商人，尤其是中小店主将带来巨大的冲击。数以万计的华侨中小店主不谙英文、西班牙文或菲律宾文，且因本身规模小、盈利有限，无力外请专职记账员，势必面临高额罚款或牢狱之灾而被迫关门歇业，数万华侨家庭将因此失去生计。

李清泉得悉消息后，马上向美驻菲总督哈里森提出异议，又派员到美国向美国总统和美国国会请求干预此案。美国新总统哈定因此派出代表团到菲律宾考察此事。随即，李清泉又发动华侨再掀抗议浪潮，还动员南洋各地华侨社团予以声援，得到各国华侨社团的热烈响应。迫于压力，菲政府不得不宣布"法案"推迟一年实施。李清泉和广大侨胞深刻感到，"西文簿记法案"不仅仅是阻碍了华侨的生计，更是一项辱华法案。对外侨在记账使用文字上施加侮辱性法律限制，国际上从没有过这种先例。在李清泉领导下，菲华社会决心团结一致，抗争到底。经过历时 5 年的不懈斗争，终于迫使菲政府取消了这个法案。

回望历史还需着重重新审视的是，李清泉对家乡福建建设殚精竭虑的事迹。他提倡实业救乡，致力于福建的开发和建设，有几件大事堪载青史。

一是推动厦门城市建设。1927 年，李清泉组建李民兴公司和成记公司、美记公司，先后投资 200 万银圆，参与厦门的市政建设——今第一码头至鹭江道750米的填海筑堤工程，后又追加12万银圆修缮工程。同时分别投资12万银圆、30多万元建造商用住房及民房等，有力地推动了当时厦门近现代化城市建设的步伐。

二是开通泉围公路。1923年，李清泉与旅菲华侨吴达三、李文炳等发起成立泉围民办汽车路股份有限公司，修筑从晋江东南海岸的金井、围头通达泉州市的公路，全长26公里，解决了泉南沿海地区交通闭塞、商旅不便的问题。

三是带动南洋华侨投资福建。李清泉发起成立闽侨救乡会，创办了《新闻日报》，积极倡导兴办实业与教育，建筑全省铁路，兴办漳龙路矿。在救乡会的领导和李清泉的带动下，南洋华侨对福建的投资开始发生兴趣，并把投资建设家乡的热情，集中在了厦门。

今人在回顾"晋江经验"形成的历史过程时，都公认海外华侨起到了第一推力的作用。从更深远的历史渊源看，我们还应感念李清泉和那一代侨胞的赤子情怀与卓著贡献。

李引桐：荣膺共和国"一等功臣"

通常认为，明朝的长乐人陈振龙（约 1543—1619）是中国引进"番薯第一人"。相传万历年间，在吕宋经商的陈振龙，看中这种原产于美洲、耐旱高产的农作物有利于解决民众的温饱问题，不惜冒着被西班牙统治者发现得"杀头"的风险，用绳子将薯藤层层缠绕，又涂上污泥，弄得难以分别，以此鱼目混珠之法成功通过西班牙人层层排查，经过七天七夜的航行回到祖国。番薯在陈振龙家乡引种成功，其后经福建不断向全国推广，成为中国人解决温饱问题的重要食物。后人在福州乌石山建"先薯祠"，颂扬陈振龙的功德。

400 年后，有一位叫李引桐的侨胞，在抗美援朝期间冒险为中国引进橡胶品种，成为中国"橡胶之父"，其对国家和民族的贡献，足与陈振龙之壮举相比肩。

李引桐（1913—2002），出生在南安市梅山镇后田村。童年时代值军阀混战，灾祸连年，李引桐家里遭到土匪的抢劫，父亲差点被绑架，为了生命安全，李引桐跟着父亲背井离乡到新加坡投靠宗亲李光前。 不久李引桐又随父回到梅山，辗转在泉州培元中学、晋江东湖师范等校求学。

1934 年，21 岁的李引桐再次远赴新加坡，受到李光前的栽培，被派往马六甲橡胶工厂去收购原料，让他从基层做起。 短短一年，李引桐脱颖而出，此后的几年里，他先后在南益集团的芙蓉、吉隆坡等分行掌管财政，并逐渐参与公司决策。

李引桐的经商才能，在严酷的战争环境中得到磨炼和升华。 太平洋战争爆发后，日军占领新加坡，没收了李光前南益橡胶公司的产业。 失业的李引桐冒险做起了被日本人称作"走私"的大米生意。 他以敢拼敢闯的精神，在短短几年就积攒下一笔可观的财富，并购得 100 英亩荒废的橡胶园。 日本战败投降后，李光前的南益公司财产得到归还，他聘李引桐为南益公司总巡，不久又任命李引桐为泰国南暹公司的总经理。 在李引桐的经营下，泰国南部的橡胶业务没几年就有了飞速发展。 但是由于受到当时国际形势和泰国政策变动等因素的影响，南暹公司欠下了一大笔债务，李引桐以他的非凡远见，买下了李光前决定放弃的南暹公司的产业，独自创立了泰国德美行有限公司。

初出茅庐没几年的李引桐，同新中国发生了密切的联系。 1950 年代初，朝鲜战争爆发，新中国为捍卫新生的人民政权不受侵略，进行了伟大的抗美援朝战争。 橡胶是中国急需的重要战略物资，攸关国民经济发展与国防建设。 橡胶树对自然条件有着特殊的要求，当时中国并没有条件通过种植胶树来生产天然橡胶，而以美国为首的西方列强又对中国实行严厉的经济封锁，中国难以在国际上获得橡胶。 朝鲜战争期间，出于对祖国的热爱，为了国家的利益，李引桐不惜冒着生命风险，通过他在香港的南宗公司，由泰国经香港、澳门两地辗转捐赠给国内大量的橡胶。

为了从根本上满足祖国国防以及经济建设的需要，李引桐经过多次秘密返回国内考察后，认为海南岛可以用新技术种植橡胶，于是开始筹划将外国的橡胶树种引回国。 历尽千辛万苦，克服种种危险，橡胶树苗终于引进国内。 李引桐又暗中聘请了专家到海南帮助传授橡胶栽培技术，不断向中国赠送橡胶种植方面的先进仪器。 从此，新中国在海南岛建立起第一个橡胶种植基地，填补了我国橡胶种植的空白。为了铭记李引桐在中国橡胶种植上的突出贡献，科技界分别用"桐 1 号""桐 2 号""桐 3 号"等"桐"字号为橡胶品种命名，李引桐也因此被誉为中国的"橡胶之父"。

李引桐还在中马建交中扮演了"和平使者"的重要角色。 1955 年，李引桐冲破重重阻力，成功地组织和发动了华侨工商代表团回国，受到何香凝、廖承志的热烈欢迎。 1956年，他又组织了新马工商考察团到中国访问，并参加国庆观礼活动，受到周恩来总理的接见。 为了真正达到中马建交的目的，李引桐对他的好朋友、后来出任马来西亚总理的拉扎克做了许多工作。 经李引桐穿针引线，1974年，中国和马来西亚正式建立外交关系，拓展同东南亚的外交关系实现了新突破。

　　1993年6月5日，中华人民共和国国家安全部、中央军委隆重表彰李引桐在中马建交中所作出的贡献，授予李引桐"一等功"，并颁发一枚国家一级和平勋章。

黄仲咸: 养"金鸡母"下"金蛋"

几十年前, 在南安的不少学校内, 都可以看到冠名"仙都楼"的校舍。 后来, 在南安市和厦门市, 相继矗立起两座"必利达"大厦。 了解情况的人都知道, 这些建筑是享有"南安陈嘉庚"美誉的侨胞、银行家、慈善家黄仲咸的善举。

黄仲咸 (1920—2008), 出生于南安码头仙都村一个贫农家庭。 在父母的教育下, 他从小就养成勤劳、朴实、刚强的品格。 1935 年, 年仅 15 岁的黄仲咸远渡印尼谋生。 他创业的第一站是印尼的一个小岛万嘉县, 他也是这个岛上第一个中国人。 为了生活从给人做农活、养猪、当水手开始, "只要能够赚钱, 我什么都干!"黄仲咸少年和青年的这段奋斗史, 给他性格烙上了勤奋拼搏节俭耐劳的底色。

二战结束后, 印尼成为各国往来贸易的货物中转地。 黄仲咸敏锐地抓住了机遇, 开始涉试水上运输行业, 组建起了自己的船队。 他将印尼的主要农产品棕榈油、橡胶、咖啡、可可等远销海外, 并将农场种植的农产品运往周边各小岛，实现了从生产到运输一条龙的服务。 凭借着智慧、勤奋、诚信，黄仲咸不断累积财富，扩大商业版图，将发展资金投向纺织业、造纸业、金融业、房地产业，先后成立了南安公司、美华公司、大众福利银行、雅加达商业银行、必利达银行、必利达纸厂等，资产日渐雄厚，最终成为闻名遐迩的企业家，谱写了华人商界的又一部传奇。

1959 年，黄仲咸应邀回国，参加新中国成立 10 周年的国庆观礼。 他既为祖国面貌的巨变而激动，也为家乡落后的现状而忧心，遂捐款资助家乡兴建仙都小学，由此开启了近半个世纪捐资公益的善举。 为帮助家乡改变落后面貌，黄仲咸从发展教育和卫生事业这两件最根本的大事入手。 改革开放后，黄仲咸不断捐献巨资为南安多所学校、医院等兴建楼宇。他先后为南安近 20 所中小学捐建教学楼、科学楼、师生宿舍楼 30 多幢；为南安 5 所医院捐建 7 幢门诊大楼、病房大楼。 除此之外，黄仲咸还广泛捐设奖教助学金，先后捐设"坚持山区任教奖""优秀校长奖励奖""教师进修学历晋升奖"，用于助力教师人才培养。 几十年来，黄仲咸捐资教育、文化、卫生福利等社会公益事业累计资金额达 5 亿多元人民币。

作为资深的银行家，黄仲咸捐助教育卫生等公益事业高瞻远瞩，志在永续。 1990 年，黄仲咸创建了"南安县黄仲咸教育基金会"，正式将自己的公益慈善活动职业化。随着公益活动所需投入的资金越来越多，黄仲咸时常思考如何破解一个日益困扰的问题：自己捐出的资产，假若不能循环永续发展，总会有坐吃山空的危险。在他看来，把钱投进基金会，钱是死的，而为基金会置办产业，让它能够经营发展，这钱就活了。如果基金会总是受穷，它怎么发展呢？为确保公益事业能持续运作下去，他积极探索公益慈善运作新模式。

1992年，在南安县的支持下，黄仲咸在县城中心地带投资2000多万元，兴建了建筑面积12000平方米的"必利达大厦"；1993年，他又在厦门兴建了建筑面积45000平方米、耗资1.5亿元的"必利达大厦"。"必利达"源自印尼语"灯塔"之意，黄仲咸希望两栋高耸的大楼能够像灯塔一样，为基金会的发展保驾护航。两栋大楼以物业租赁经营形式，获取源源不断的资金收入，实现基金会的自我"造血"功能。即便今后个人离世，也不会导致事业中断。黄仲咸形象地将其喻之为"养金鸡母下金蛋"。黄仲咸戏称这两栋大厦就是"金鸡母"，它一直生金鸡蛋，我睡觉它也生，它永远有钱。

2005年2月，耄耋之年的黄仲咸和夫人戴子媛女士在厦门市公证处立下遗嘱，将其在海外打拼近70年积攒的财产（时值5亿多元人民币）悉数赠予福建省黄仲咸教育基金会，以实现他资助经济困难的高中生，资助教育文化、卫生福利等公益事业的夙愿，而留给其子女的只是最基本的住房保障。他对祖国和桑梓的赤子情怀和无私奉献的精神，成为华侨华人中"裸捐"和"最纯粹公益人"的光辉典范。对于黄仲咸的特殊贡献，国家教委授予他"尊师重教，振兴中华"奖，福建省人民政府多次授予他"乐育英才"金质奖章、牌匾和荣誉证书，并于 1995 年立碑表彰。

陈永栽: 中华文化属于全世界

在群英闪烁的商界巨子中, 陈永栽无疑是璀璨夺目的一个。 他是菲律宾商界传奇人物, 长期名列富豪榜前茅, 享有"银行大王""烟草大王""啤酒大王""航空大王"等一串响亮名号。

陈永栽的商界传奇起步于烟草业。 他于 1934 年 7 月 17 日在晋江青阳出生, 4 岁跟着父母到菲律宾谋生。 9 岁那年父亲陈延奎生了一场重病, 他随母亲回乡。 两年后, 他再次跟着叔父到菲律宾, 在一家烟厂当杂役。 在初中毕业后进入南吕宋描达安省的一家烟厂当学徒工。 学徒工的工作非常辛苦, 什么杂役苦差都得干。 陈永栽以顽强的毅力坚持修完了中学课程, 并以优异成绩考上了远东大学化学系。 之后, 他半工半读, 完成了大学课程。

1954 年, 刚满 20 岁的陈永栽在亲友的帮助下独立创业, 开办了一家淀粉加工厂, 却以失败告终。 但他没有灰心沉沦, 迅速站了起来, 用借来的本钱买来二手机器和破旧卡车, 开办了一家化学制品生产和贸易公司。这家公司后来成为陈永栽庞大事业的基石。1965年，陈永栽和几个当年一起在烟厂工作的朋友创办"福川"烟厂。几经波折后，他引进世界先进的制烟生产流水线和现代化的卷烟机，使福川烟厂的设备和技术处于世界先进水平。经过几十年稳步前进，福川烟厂已发展成为菲律宾最大的香烟制造公司，占据菲律宾七成以上的香烟市场份额，在欧美、日本和中东的香烟市场上都有一席之地，陈永栽本人因此成为赫赫有名的"烟草大王"。

几十年来，陈永栽以坚韧不拔、勇于挑战的性格，打造起一个庞大的企业帝国，投资业务遍及十几个国家的十几个行业。尤其值得一书的是，陈永栽积极参与中国改革开放以来的经济建设，他是较早到中国投资的华商巨子。1993年，他的菲律宾联盟银行在中国的子公司——厦门商业银行正式开业，这是经中国政府批准的中国内地第二家外资银行。1996年，陈永栽与中国合资创建亚洲啤酒（中国）有限公司。其后，他在上海陆家嘴中央商务区投建了裕京国际商务广场。

陈永栽能够成为举足轻重的工商巨子，在复杂激烈的商战中屡屡获胜，与他醉心学习研究中华文化，深得其中精髓息息相关。他努力从中华文化中汲取精华，以此立德立人，推己及人。

在求知路上，陈永栽孜孜不倦，渴望学习、渴望知识的热情从未递减。 还在烟厂当童工时，不管工作再劳累，每天收工后，陈永栽都会在灯下阅读中国古典名著，尤其是《三国演义》，更是他的最爱。 成为企业王国掌舵者后，不管工作多忙，他每周都会抽出时间读书学习。 他涉猎广泛，兼通英文、菲文，经济管理、历史与哲学无所不包。 已经耄耋之年的他还能通背《孙子兵法》《论语》，准确画出《易经》六十四卦。 陈永栽认为，他办企业的基本指导思想是以中国文化为经，以西方文化为纬。 足堪一述的是，他延请儿时伙伴、厦门大学中文系资深教授黄炳辉到家中讲习中国文化，二人亦师亦友、相互切磋，碰撞出了许多智慧火花。 他们合作出版的《老子章句解读》《文史经典解读》《椰风窗前共琢磨》等著作，收录他们时政、文学、经济和历史等方面的研习文章，见证了他们长年学习交流的思想结晶，谱写了文化人与企业家精神结缘、心灵契合的佳话。

一本本中华古籍，伴随着陈永栽的成长，也影响着他的为人处世风格和经营决策。 特别是受到老子辩证思想的影响与启迪，"人弃我取"成了陈永栽的经商理念。 例如，1997 年香港回归前，一些工商界人士对香港的前途缺乏信心，纷纷抽逃资金转移到欧美，导致香港股市出现恐慌性抛售和暴跌。 陈永栽却认为这是一个好机会，毅然斥资 5 亿港元拿下裕景花园地皮。 香港回归后，在"一国两制"方针护航下保持繁荣稳定，陈永栽购买的地价升高达百亿港元，一时在香港名声大振。

陈永栽不但毕生钟情中华文化，而且利用自己的社会地位和影响力弘扬中华文化。2001年以来，陈永栽连续11年共资助近7700名菲律宾华裔学生来福建参加"菲律宾华裔青少年学中文夏令营活动"，其中由华侨大学负责培训的共有2300余名。陈永栽支持华大在菲律宾举办"中华文化大乐园"夏令营。该活动目前已成功举办六届，共培训学员近三千人次，成为海外华文教育模式创新的典范。他还出资组织菲律宾华文学校的教师到厦门、泉州等地进行业务培训，以提高华文学校的教学水平。2012年12月，陈永栽捐款5000万元人民币建设的华侨大学陈延奎大楼在厦门校区奠基，大楼将作为华文教育培训中心。该楼总建筑面积达3.6万平方米，可同时容纳500名华裔青少年学生共同学习和生活。

陈永栽说："我是从做实业开始的，我认为办实业，稳扎稳打，基础牢靠，一步一个脚印，心里踏实。中华文化是孕育了五千多年的文明结晶，是世界文化宝库珍贵的财富，源自中国，却属于全世界。"

2020年1月，全球华侨华人年度评选颁奖典礼在京举行，陈永栽获"2019全球华侨华人年度人物"荣誉称号。

王永庆:"经营之神"的
"抠门"细节

王永庆是声名赫赫的世界级大企业家。他创办的台塑集团长期跻身国际石化行业的顶流,本人亦享有"经营之神"的美誉。

王永庆(1917—2008)出生在台北县新店一个普通的茶农家庭,其先祖于清道光年间由福建泉州府安溪县金田乡(今改名为长卿镇)迁居台湾。王永庆少年时代,台湾正处于日本殖民统治之下。1932年,15岁的王永庆被父亲送到嘉义的米店当学徒,1年后,他向父亲商借200元创业。1942年,王永庆利用10年的积蓄在新店老家购买50亩土地,成为一位小地主。1943年,王永庆转向木材生意发展。不久,日本战败投降,经济复苏,王永庆的木材生意让他赚进5000万元。从彼时起,王永庆成为台湾民间有数的富人之一。

1950年代初,朝鲜战争爆发,美国出于围堵新中国的战略目的,投资扶持台湾地区经济发展。纺织、水泥、塑胶等工业是台湾地区急需发展的几大行业。 王永庆就是在这个背景下，以民间参与投资的形式进入塑胶业。 虽然他对塑胶工业还是外行，但曾事先向许多专家、学者讨教，还拜访了不少有名的实业家，对市场情况做了深入细致的调查，甚至赴日本考察。 他认为，烧碱生产地遍布台湾，每年有70％的氯气可以回收利用来制造 PVC 塑胶粉，这是发展塑胶工业的一个大好条件。 1954 年，他与人合作筹措 50 万美元的资金，创办了台湾岛上第一家塑胶公司，3 年以后建成投产。 其时产品遇到了滞销问题，按照生意场上的常规，供过于求时就应该减少生产。 可王永庆却反其道而行之，下令扩大生产。精明过人的王永庆背水一战，变卖了自己的全部财产，买下了公司的全部产权，使台塑公司成为他独资经营的产业。 第二年，他又投资成立了自己的塑胶产品加工厂——南亚塑胶工厂，直接将一部分塑胶原料生产出成品供应市场。 随着产能扩大产品价格降低，销路得以打开，台塑公司和南亚公司双双大获其利！ 从那以后，王永庆塑胶粉的产量持续上升，他的公司成长为世界上最大的 PVC 塑胶粉粒生产企业。

经过二十多年孜孜不倦的努力，王永庆建立起了台湾首屈一指的企业王国。 包括炼油、石化原料、塑料加工、纤维、纺织、电子材料、半导体、汽车、发电、机械、运输、生物科技、教育与医疗事业等。
尤其是在石化工业领域，建立起从原油进口、运输、
冶炼、裂解、加工制造到成品油零售等一体化的完整
产业链，在台湾是独一无二的企业集团。台塑集团
下辖 9 个公司、员工总数超过 7 万，资产总额达 1.5
万亿新台币。王永庆多年蝉联台湾地区首富。

　　王永庆打造企业王国的传奇，引发社会广泛关注
与膜拜。许多研究者对其经营之道推崇备至，海峡
两岸很多企业家都将王永庆的管理经验当作最为实用
的教科书，各种研究文章与著作更是难以计数。
2007 年 4 月，清华大学出版社出版的《筚路蓝缕——
王永庆开创石化产业王国之路》，做了十分系统翔实
的阐释，有助于人们从不同层面了解其辉煌不凡的一
生。时任国台办主任的陈云林在序中指出，在王永
庆董事长对于台塑的经营思想和管理模式中，其所奉
行的"兼顾客我、利己利人、回馈社会"等基本宗
旨，体现了中国古代正心诚意、不欺鬼神、勤劳朴
实、天人合一、融通义利、止于至善等思想传统的现
代化再造。陈云林坦言王永庆是成功企业家的典
范，他个人及台塑集团的成功，也是我们民族企业的
成功。我还特别注意到时任国资委主任的李荣融在
序言中提到的一个细节：我曾听我的一位同事介绍
说，她很感动的就是，有一次王董事长在宴会上看到
别人在取菜时有菜掉在转盘上，于是他把它捡起来放

在自己的盘子里吃干净。 一个产值占台湾生产总值百分之十几的集团的董事长如此节俭，我听了以后很有感触。 他节俭得有资格、有底气、有雅量。

读到李荣融的这段文字，油然勾起我的回忆：2004 年 8 月中旬，时任泉州市政协主席傅圆圆率团到访台塑集团，笔者是其中一员。 当我们拜会王永庆先生时，我看到他的秘书涂爱玲小姐拿着一张接待我们一行的日程安排表，竟然是利用一面已经印过字的纸张！ 后来我略为好奇地询问涂小姐，她颇为自豪地告诉我，台塑保持一种节俭传统。 王董事长经常对员工说，虽是一分钱的东西，也要捡起来加以利用，这不是小气，而是一种精神，是一种警觉，一种良好的习惯。

中国古训云，成由勤俭败由奢。 台塑集团之所以几十年来长盛不衰，固然可以总结出林林总总的成功经验，但最基本的一条，乃是掌舵者"勤俭持家"的经营理念已熔铸为台塑的文化基因。

现实生活是最好的教科书。 王永庆两个看似"抠门"的细节，永远会带给人们良多的启迪！

群英图：敢为人先弄潮儿

在阿拉伯数字体系中，从 0 到 1、1 到 10、10 到 100 都是一段段寻常的数字。但若从哲学维度看，意义却完全不同。从"0"到"1"的分量最重，它表示事物从无到有，实现了量的突变、质的飞跃。而从"1"到"10"也非同一般，表示事物达到阶段性的质变，具有立基架梁和开拓引领的作用。至于从"10"到"100"，尽管也表示事物的阶梯式上升进步，但与前二者已不能相提并论。

之所以做上述饶舌，是为了从历史的、哲学的维度来认识泉州在开启改革开放大幕时，许多知名和不知名的侨商侨胞、港澳台同胞对民营经济萌芽、成长的推动作用。他们带来了资金、设备、技术、人才、市场渠道等这些硬件，也带来了现代先进的经营管理理念模式这样的软件，更积淀下如何有效配置资源创造财富的"企业家精神"，从而促进了全域上下形成致力发展社会生产力的氛围。那些在当时创造过"首个""第一"的弄潮儿，曾经书写过泉州荣耀，似灯塔映照前进方向。尽管在往后无情的时光流水的冲刷下，有许多变得黯淡甚至"出圈"，但在历史进程中，他们曾经有过的特殊贡献却不应被忽略遗忘。且让我们走进历史深处再做一番钩沉吧。

首家中外合资企业

1980年6月，晋江地区（泉州市的前身）第一家中外合资企业——泉州人造花厂有限公司呱呱坠地。它是由泉州工艺美术工业公司与香港嘉华贸易公司合资设立的。其时，泉州企业已有较多人工制花品种，但都是传统的绢花和20世纪60年代后兴起的塑料花。在香港经营贸易公司的石狮人林积锁提出想回家乡泉州投资合作创办涤纶花厂的意向，得到泉州方面的积极响应。经过商定，双方各自筹措出资20万元办厂。在全省乃至全国都没有经验可借鉴，只能摸着石头过河的情况下，林积锁成为晋江地区乃至福建省最早创办中外合资企业的"吃螃蟹者"。难得的是，林积锁将香港先进设备和管理理念带进公司，人造花厂成为泉州最早引入电脑管理和打卡制度的公司。其生产的涤纶花，远销美、英、法、意等30多个国家和地区，内销全国24个省、市的120余家客户。工人的工资比泉州其他企业工人的工资高

50％。 所制定的公司章程，成为后来省内中外合资企业借鉴效仿的蓝本。 多位国家领导人曾莅临考察。 人造花厂成为一代泉州人共同的记忆，谱写了泉州对外开放历史中精彩的一笔。

作者与泉州首家中外合资企业——泉州人造花厂有限公司创办人林积锁先生合影(严文堪 摄)

首批成片开发区

1990 年代初，泉州大地的民营经济在乍暖还寒中蹒跚前行。 在省市县各级政府及相关部门共同努力下，新加坡侨胞黄加种、香港南益集团董事长吕振万先生凭其胆识、睿智和满腔的爱国热忱，敢为人先，投入巨资，相继在家乡安海和水头创办了福建省首批外商独资成片土地开发项目——泉州安平工业综合开发区、泉州蟠龙工业综合开发区，开创了外商经营成片土地综合开发的先河，被誉为外资开发区建设的"先行者"、推动地方经济发展的新引擎。自此，泉州民营经济发展走上"成片开发迈大步"的跃升阶段。

首个投资新城开发的侨企

1993年，经福建省人民政府批准，由印尼著名企业家吴家熊担任董事长的大马集团进军泉州，成片开发运营东海滨城。吴家熊先生以敏锐的远见，提出在晋江和洛阳江入海口的滨海地区，建造一座泉州新城，与古城交相辉映，重振昔日东方大港雄风。这个全新的城区总规划面积9平方公里，可容纳10万人口，将发展成集商业、工业、文教、旅游、居家为一体的设施完善的新型海滨城市。此举开创了外资在中国投建现代化城市的先河。经过三十年的发展，东海滨城已成为泉州行政中心所在地和高端的文教聚集区与中央商务区。

首个台资背景的上市公司

1993 年 12 月，主营石质挂釉墙地砖的福建豪盛正式在上海证券交易所挂牌上市，成为泉州第一个登陆国内 A 股市场的企业。值得一提的是，福建豪盛作为具有台资背景的企业，成为泉州地区上市的探路者，拉开了泉州企业上市序幕。此后，上市成为不少泉州民营企业的发展战略。

首个新中国侨办私立大学

1987 年，泉州籍爱国华侨吴庆星家族独资创办的仰恩基金会出资，兴建了华侨大学仰恩学院。建校初期实行由福建省教育委员会和华侨大学联合办学，共同管理的管理体制。1989 年经国家教育委员会批准，仰恩学院脱离华侨大学独立办学，学校名称为仰恩学院，1992 年更名为仰恩大学。它是全国第一所具有颁发国家本科学历证书和授予学士学位资格的私立大学，是中国侨联爱国主义教育基地。截至2022 年 8 月，学校占地 2000 余亩，设有 10 个学院，4 个直属系部，25 个本科专业。学校创办三十多年来，为社会培养成千上万的人才，其中为数不少人才在泉州工作创业，为地方经济建设和社会进步作出了有益贡献。

吴庆星先生创办的首家民办大学仰恩大学

小叙事：涓涓细流汇江海

泉州是当今中国的第一大侨乡，海外侨胞、港澳台同胞对家乡的建设发展功不可没。许多宏大叙事已见诸皇皇史册及各种报纸刊物，闻者甚众。不过，还有许多未被人们熟知的小叙事，也不应被忽略。无数不甚显赫和知名的侨胞对家乡的反哺，犹如涓涓细流，终于汇聚成民营经济的滔滔江海。

笔者就出身于华侨家庭，小时候曾听家长说，三年困难时期，家乡出现了饥荒，族人和乡民不少都患了水肿。在印尼经商的堂伯父、伯父知道后，纷纷购置米面糖油饼干等食品，装满一口大木箱邮寄回来。他们都是中小侨商，事迹也鲜有记载，但许多年后，当年吃过那些食品的乡人，还对他们念念不忘。

第一个来泉州投资合办人造花厂的港胞林积锁告诉我，他的父亲是菲律宾华侨，石狮家里的生活全靠他寄钱接济。"文革"初期，就读侨光中学的林积锁辍学，回到石狮乡下后，为解决生活出路，就把父亲寄来的几千元拿出来，与人合办一个肥皂厂，以后钱滚钱，又办过豆腐厂、铁器厂。这些办厂经历为他后来赴港定居和回泉经商打下了基础。类似林先生这种依靠侨资起步的事例，在泉州可谓比比皆是。

新中国成立后较长一段时期里，两岸对峙和西方国家的封锁，致使国门紧闭。但血浓于水的亲情，依然隔不断海外侨胞的返乡之路。家住晋江五店市的港胞苏千墅说，1970年代末，为了多带一点东西回来，好分给更多的亲友，我一个人穿了四条裤子，最怕跌倒之后爬不起来。正是有许多类似苏千墅这样的海外侨胞，将尽可能多的生活物品带进国内接济亲友，客观上催生了石狮的"小洋货"市场。成千上万的民间商人在此摆摊谋生，无形中孕育了浓郁的民间商贸气息。石狮后来建市，被誉为民营经济特区绝非偶然。

1988年，年轻的台胞高天浩辗转回到安溪大坪乡谒祖，亲见祖先生活过的老屋故土，与从未谋面的宗亲们欢饮畅叙，让他萌生了来大陆发展的冲动。几年后，他与宗亲在安溪投资了一家酒店。他还利用在台湾深厚的人脉关系，热心牵线搭桥，接应一批批泉州和安溪的参访团会晤安溪籍著名企业家王永庆、许胜发、高新平等，为促进两岸的经贸交流贡献心力。泉台之间特殊的夙缘，使改革开放初期的泉州，一度是台商扎堆投资的聚集区。

1985 年，一个推销卫生巾设备的香港人闯进了许连捷的视野。那个人告诉他，国外女性都用卫生巾解决月经问题。而当时在国内，大多数女性用的还是草纸或者月经带。不久，许连捷一位朋友的太太从国外回来，讲述了卫生巾在海外的普及情况，说这东西一旦用过，就成了习惯，没法再改回去，还抱怨国内不好买到。从这两个信息，许连捷看出了一个巨大的商机，觉得随着国内人们生活水平的提高，对卫生健康问题的要求也一定会越来越高，所以这会是个能赚钱的行业。于是，他和合作伙伴港商施文博作出重大决策，转行办厂生产卫生巾。从此，以"恒安"命名的卫生巾生产商扬帆起航，驰名中外。切莫看轻国门打开后来自海外的一两条信息，其"点石成金"的价值委实不可估量！

东风吹彻春潮涌，改革开放著先鞭。泉州民营经济能够抓住契机乘风而上，离不开各级党组织和政府的领导。1980 年 8 月，晋江县委、县革命委员会出台《关于加快发展多种经营和社队企业若干问题的规定》，为侨资的进入打开了大门。晋江的民营经济开始以星火燎原之势发展起来，拉开了农村工业化的序幕。1981 年 7 月，晋江地委、晋江地区行署在石狮召开全地区侨务工作会议，根据侨乡"闲余资金多、闲散劳力多、闲置房屋多"的特点，鼓励归侨侨眷集资创办各种小型侨属企业。1982 年，国务院出台《国务院关于加强华侨和港澳同胞捐赠进口物资管理的通知》，逐步放宽海外华侨华人捐赠物资回乡免税限制，侨亲众多的石狮人，借着免税的东风，做起了洋货生意，著名的石狮洋货市场越做越旺。在当时尚属贫困山区的安溪县，侨办的安侨第一制衣厂开业，祖籍安溪的香港新光国货有限公司董事长林金辉及其他侨胞，为制衣厂提供了价值40万港元的电动缝纫机械设备，以及3辆大型卡车，制衣厂就此在安溪扎根发芽，成为福建省首家将产品打入国际市场的服装企业。大量引进的免税设备涌入泉州，促使全区域的制造业有了发展的基础。依靠侨资侨力，泉州人民掀起了大办企业的创业热潮。民营经济蓬勃发展，在泉州经济建设中扮演越来越重要的角色，形成"五分天下有其四"的新格局，托举泉州 GDP 连续 22 年占据福建首位。

往事不如烟。迄今，在泉州的街头巷尾、山村海隅，还不时可以听到海外侨胞和港澳台胞助力民营经济发展的"小叙事"。对于步入新时代、开启新征程的泉州而言，侨港澳台的优势，依然是一张金光闪闪的大牌，必须充分挖掘潜力、做强做优。且让我们更加留意那一个个耐人寻味的"小叙事"，让它滋润心灵、触动灵魂，更意识化地将其作为泉州宝贵的精神财富。的确，我们从中可以察往知来、资政育人。

宋元时代世界海洋商贸中心的地位，千百年的商脉流播、薪火相传，使泉州在获得"海滨邹鲁"美誉的同时，也成为名扬天下的"商贾名邦"。然而，历史总在跌宕起伏中前行。1950年代，新生的人民共和国与逃往台湾的国民党政权隔海对峙，以美国为首的帝国主义势力对新中国的封锁打压，使处于海防前线的泉州经济社会发展举步维艰、长期滞后。而持续不断的政治运动和"左"的思想路线的干扰，束缚桎梏了泉州原本活跃的民间商业力量，导致社会生产力贫弱落后，无奈位列全省末流。

"忽如一夜春风来，千树万树梨花开。"中国共产党十一届三中全会，开启改革开放的伟大征程，沉寂已久的民间经济力量，终于像雨后春笋破土而出。千年古港、华侨之乡泉州凤凰涅槃。泉州人以敢于拼搏、敢为人先的勇气，迎风而上，乘势而进，在风云激荡的市场经济海洋中奋楫行舟，一举改变了贫困落后的面貌，开创出民营经济"五分天下有其四"的新天地。"晋江经验"在这片民营经济的热土风生水起、拔节开花，终至枝繁叶茂、硕果累累。

第三篇 风生潮起

"民营"先声

我儿时生活于计划经济年代,"纯而又纯"的公有制一统天下。 其时正值"文革"动乱,大割"资本主义"尾巴,盛行"平均主义"大锅饭,使民营经济几乎绝迹。 满目所见的工厂商店都挂着"国营"招牌,根本没有看到过"民营"字样,更没有"民营经济"这一说。

不过,在南安贵峰村,我接触的两个人,或可视为"民营经济"的先声。 此二人,一个叫王阿拼,他母亲是我祖母的好友,一个叫阔嘴,是我的族叔。 他们经常到我家与我祖母闲谈,有时我也知道王阿拼来向我祖母借钱,说是要买货。 听他们暗地里讲,他们做的生意,是用自行车把沿海的海产、化肥等用自行车载到山区,把山区的粮食、油料载到沿海贩卖。 当时是"割资本主义尾巴"的年代,他们干的属于"投机倒把",要受到严厉打击,所以他们两人都是偷偷摸摸的。 他们都曾经被大队带去管教,我上小学一年级时还看到王阿拼被五花大绑押到操场批斗。但他们因为家庭十分贫困，上有老下有小的一大家子人需要活下去，所以放出来后又不得不冒险再做起"地下生意"。王阿拼一辈子都在拼，最后得了脑出血去世。阔嘴叔在改革开放的好光景中改变了命运，几个儿子继承父业，把生意做得风生水起。

真正让我对"民营经济"有了实质性感受，是我1990年代初来到泉州市委统战部工作后。彼时泉州城乡的民营经济已成星火燎原之势，我有机会到一些侨办或民营的企业参观调研。更值得提及的是，我因在市工商联（也称市商会，两块牌子一套班子）食堂就餐，经常有机会同会长薛天锡先生一道餐叙。薛先生甚健谈，头脑也十分灵光。从他那里我知道了很多泉州民营经济发展历程的脉络。他是从 20 世纪 50 年代走过来的老工商业者，新中国成立前还曾当过某药行的经理，于公私合营后进入体制内。他的前半生，应该属于"民营企业家"的身份。也因为这个履历，恢复工商联后，薛先生一方面担任主要领导，另一方面还发挥自己经商专长，担任市商会办的一个针织企业的董事长。这个企业鼎盛之时拥有几百个员工，年创汇上百万美元。有一次市政府急需一笔数目不菲的外汇，找到薛先生商洽，老人家二话没说就拨款过去救急。在 20 世纪八九十年代的泉州工商界，薛天锡堪称"教父级"大佬。此外，在统战部组办的一些会议中，我也接触到蔡载经、蔡明元、林咸源、李佰佳等历经风浪、硕果仅存的老工商业者，他们的故事仍然值得今人着力发掘。

随着在泉州工作时间增长，我有条件看到了一些珍贵的历史资料，对泉州历史上民营经济的发展有了概貌性了解：一是民营工商业多集中于小集镇。除泉州市区和各县县城外，解放初期，商店在 250 家以上的有安海、石狮，100 家以上的有洪濑、官桥、五里街、崇武、深沪等。二是民间商业比较发达。泉州大部分是侨区，游资多，消费水平高，购买力强。1952 年，全地区私商 37556 户，从业人员 55117 人（其中职工 5631 人），资本额 1358.4 万元，全年商品销售额 15656.97 万元。三是华侨投资数量多。泉州海外侨胞数以百万计，除寄回大量侨汇赡养其眷属外，有一些人也投资发展工商业。新中国成立后，又有一些侨胞响应人民政府号召，投资开办工商企业。四是小工业与商业得到较大发展。1949 年，计有工商企业 13097 家，总产值 4723 万元。但基本上为工场、手工作坊的中小企业，现代工业仅 296 家，发电量仅为 50 万度。在抗美援朝战争结束后，党提出过渡时期总路线，泉州地区在私营工商业中普遍推行了加工订货、统购包销等国家资本主义的初级形式。1955 年，此类私营工商企业有 5557 户，从业 9943 人，资本额 484.1 万元。

这些看似十分枯燥的资料，仔细品读后却能让我们脑洞顿开。 自 1950 年代中期完成对资本主义工商业改造后，泉州民营经济基本处于停摆状态，由此也影响了社会生产力的总体发展水平。 而 20 多年后，当我们党拨乱反正，开启改革开放的进程时，泉州的民营经济之能迅速发展且呈现出"爆发性"增长，应当说，委实与历史上积淀下的各种要素密切相关。

石狮昔拾

石狮曾是晋江县下辖的一个著名侨乡，也是"晋江经验"最早的孕育地之一。当今人们的眼光，频繁聚焦于"晋江经验"之时，如果要做最真实、真诚地解读，不妨回溯那些源自"石狮"的原初状态。

"故衣摊"催生"小香港"

在许多中国人的心目中，"石狮"是充满神秘、写满传奇的地方，其独特标签，就是它的"铺天盖地万式装"盛景。而这一切，却要从最早不入流的"故衣摊"说起。

1970 年代中国改革开放之前，人们的衣着都十分普通，城乡满眼所见都是黑布衫、蓝工装与绿军装。然而在东南沿海的石狮镇，却有一道独特的风景线：几百家"故衣摊"摆在大街小巷，出售着各种花花绿绿的服装，显得格外抢眼。外地人若有幸从这购得一件带"洋"味的时装，就足以显摆一阵。以"故衣摊"为主体，从 20 世纪 60 年代开始，这里逐渐自发形成了一个小洋货市场，售卖写满洋文的手表、怀表、皮鞋、梳子、领带、香水、痱子粉、皮箱等，这种洋气盎然的景致，据说与香港无异，因此，石狮博得了"小香港"之誉。

石狮故衣摊

令人匪夷所思的是，"故衣摊"乃至"小洋货市场"的形成，却是一个没多少文化的"番客婶"群体带动的。 原来，石狮处于晋江的海角，淡水奇缺，遍地赤土，全镇几万人只有 1 万亩水田，光靠种粮食根本无法养活，因此从很早以前，就有很多男子闯南洋谋生，留守家乡的妻子就成为"番客婶"，她们依靠男人打拼寄回的侨汇度日。 久而久之，石狮遂成为闽南地区最负盛名的侨乡，而这些"番客婶"们也将来自海外的衣服、手表、香水、皮鞋等物品拿来出售，换取现金购买食物贴补家用。 在石狮街道逐步形成许多小商品街后，一些从台湾、港澳、广东来的走私货也经常在这些摊点寄售，石狮以其产品多、货源足、价格便宜吸引全国各地的顾客前来。 同时代的人们有谁曾料到，最初居然是这么一个默默无闻的"番客婶"群体，点燃了石狮商品经济的星星之火，最终形成燎原之势。

冰雪初融商民丛生

走进历史，至少从 1960 年代开始，石狮不仅开始出现"故衣摊"，而且民间也发展起一些小企业，例如在"文革"期间，精明的石狮人发现，国营工厂加班加点生产还无法满足对毛主席像章的需求，便自己在家里画出纪念章图案，再因陋就简鼓捣出模具，用废弃的针筒吸上颜料喷上去，尽管属于粗制滥造，但很快就畅销大江南北。

看到有人卖像章发财，更多石狮人一哄而上，纷纷收购废铜烂铁，顷刻冒出 30 多家像章厂。 一时间，铝片成了石狮最紧俏的物资，凡是含铝的物品都被收购回炉制成纪念章。 更令人称奇的是，马上又有人专门做起铝片生意，为像章厂供货，于是，一条围绕毛主席像章的产业链迅速形成了。

在游泳中学会游泳，在商贸中滋生民商。活跃发达的工商业和自由市场催发石狮生成了一个为数甚众的"商民"群体。

据 1977 年推出的纪录片《铁证如山》披露，彼时石狮有小摊小点 993 个，日成交额达 60 多万元，每天上市的有 25000 人。在他们当中，已经产生了一批万元户。

1978 年 12 月中共十一届三中全会召开，开启了拨乱反正、改革开放的历史新篇，桎梏中国大地的思想坚冰被打破了。利用中央赋予的政策，发挥侨乡"闲资、闲房、闲人"众多的优势，石狮大力发展"三来一补"，形成了全民经商、全民办企业的浓郁氛围。此后，随着思想解放、改革开放不断推进，压在石狮人头上"复辟资本主义"的沉重大山被搬掉了，从此，石狮人摆脱精神上的紧箍咒，甩开膀子奔赴发展市场经济的主战场，侨乡优势被充分激活和释放出来，海外各种新潮物品在第一时间就现身石狮市场，形成"小商品大市场"的格局。据云一年从广东中旅运达石狮的华侨携带品达 200 吨，石狮邮政局一年收到国际邮包达 11 万包。"中国小香港"的名号不胫而走，越叫越响，一大批石狮"商民"成为中国发展市场经济的排头兵，走在发家致富的最前列。

"铜豌豆"谱写新传奇

不可否认,许许多多石狮"商民"之所以从事工商活动,原初动因是改变家庭的贫困状况。然而在计划经济年代,"严厉打击投机倒把""割资本主义尾巴"的政治运动不时兴起,一批有代表性和知名度的"商民",遭受了不公正的待遇,饱经了风霜雪雨。但是,他们正如关汉卿的戏文里所言,像"蒸不烂、煮不熟、捶不扁、炒不爆、响当当一粒铜豌豆",百折不回,愈挫愈奋。当改革开放的春风吹来,他们终于喜获生机、绽放芳华。

兹略述三位当年的石狮"达人"。

宋太平。在"文革"期间,生产队为增加收入搞副业,宋太平就创办了自己的小企业。他曾当过钳工,在龙岩兵工厂接触过机械,摸索学习了一些技术。小工厂开办后,短短几年就生产了200多种螺丝,畅销各地,宋太平成为远近闻名的"螺丝大王"。但随后灾祸降临,石狮作为"资本主义复辟的黑典型"被整治,宋太平因开办"地下黑工厂"和搞"投机倒把"受到批判,并坐牢9个月。党的十一届三中全会召开后,宋太平迎来了二次创业的春天,他办起内衣厂,生产的"爱花牌"胸罩风靡一时。

吴夏云。 1971 年，吴夏云已经是石狮闻名的"像章大王"，月收入 700 多元。 一天他正在家里鼓捣生意，一群工作队员闯了进来将他带走，随后他被送到闽北大山里劳改。 他的罪名是"投机倒把"，而且"罪大恶极"，被核定的"非法收入"有 7000 多元，据此，他被判 7 年。 其后一连串打击接踵而至，父亲上吊，妹妹被迫出嫁，好端端的一个家顷刻间四分五裂。 熬过这段苦难岁月、进入改革开放时代后，吴夏云在石狮办了包袋厂，成为石狮包袋业的领军者。 当有人问他当年的罪名有没有平反时，他淡淡一笑说："我没喊冤也没要平反，那个时候很多人都受冤坐牢，过去就算了，现在上级给我很多荣誉，已经能说明一切了。"

王善炊。 王善炊"文革"前曾当过石狮镇五星村的贫协副主席，1963 年毅然辞去公职做水产生意。 他与许多渔民和小贩建立联系，凭借自己拥有市场经营的店面优势，低价收购小贩的鱼虾再高价售出。 从 1972 年到 1977 年，他基本控制了石狮镇区的水产品市场的大部分交易。 依靠积累下的雄厚资本，买贱卖贵。 每当市场水产品跌价，他就向市场大量购货，囤积在仓库里，待过几天市场缺货，他就倾仓而出，获取价差。"文革"期间，王善炊被送进"学习班"一年多。

改革开放后，已经年老的王善炊淡出水产一线，

转而资助支持儿子紧跟潮流开办服装厂。 1989 年，
王氏家族企业"拼牌"公司创立，经过十多年发展，
"拼牌"发展成为福建省的著名企业，其生产的服装
和牛仔裤获得"中国驰名商标""国家免检产品""中
国最受欢迎男装休闲品牌"等荣誉。 许多好奇者都
爱追问"拼"的来意，或可以说，这是王氏父子对自
己从商体会与闽南文化精髓的融汇吧。

起步维艰

中国有句成语"穷则思变",以之形容泉州改革开放初期那一代民企的创业动力十分恰切。平心而论,那一代创业者大多数都是"脸朝黄土背朝天"的农民,在封闭落后的环境生长,见识少,文化水平低,不识几个大字,也不懂天下大事。但是,切莫看轻了他们,一旦给他们一条绳,他们就能爬过去,给他们一条缝,他们就能钻过去。他们的创业故事,各有各的形态,各有各的精彩。

兹采撷几例简述。

许连捷:从小商贩到商界领头羊

在泉州,若问哪位企业家闯荡商界几十年仍然红旗不倒,人们都异口同声首推许连捷,他曾经担任过十多年的泉州市工商联主席(市总商会会长),还担任过全国工商联副主席,全国政协委员等,荣誉数不胜数。他领导的恒安集团，长期位居国内业界龙头老大，是公认的泉州商界领袖。

恒安集团创始人许连捷（泉州品牌发展中心供图）

1953 年 6 月，许连捷出生于晋江县安海镇后林村的一个农家，家境贫寒，住宅拥挤不堪，不得不在一间破祠堂容身十来年。为帮助家庭摆脱贫困，他从 12 岁起一门心思琢磨如何赚钱。他发现了一个"生财之道"：从这个村买鸡蛋、买芋头转手卖到另一个村，就能赚到钞票，只要锲而不舍就能积少成多。就这样，他天不亮就挑着担子挨家挨户收鸡蛋，下午挑到十几里外的石狮乡下售卖。两周算下来，他换了 50 斤地瓜干、两只篮子和几口缸，改善了全家人的生活。但是，这是充满风险的。当时鸡蛋属于国家统配的食物，不允许个人贩卖。 许连捷回忆往事时说："干这事就像偷鸡摸狗一样，抬不起头。"后来，许连捷用赚来的钱买了辆自行车，又做起贩卖黄豆等国家一类杂粮，须天天躲着"市管会"的罚没。

1972 年的某一天，许连捷在自行车后架上载了 400 多斤芋头驮往金井贩卖，途中突然胃部剧痛，大滴大滴的汗水往下淌，随即不省人事……醒来后才知道自己躺在医院做了胃穿孔手术。 从此他身体急转而下，体重从 130 斤减到 90 斤。 在一场"打击新生资产阶级分子"运动中，许连捷被人告发，以"投机倒把"的罪名关进镇工作队办的首批"学习班"。 许连捷被罚款 250 元，为了凑足罚款，许妻变卖了新婚金器首饰乃至床板、凳子，才使许连捷在 2 个月后恢复自由。

1978 年，坚冰开始融化，嗅出风向的许连捷高兴地对父亲说，天不再下雨了，要下金子了。 他和几个乡亲、朋友合办起后林服装加工厂，以后又开办了晋江第一家拉链厂，收获了第一桶金。 1984 年，许连捷的经商之路迎来了一次重大机遇——接触到了来自香港的卫生巾。 彼时，中国的女性卫生巾市场仍是一片空白，几经深夜辗转反侧，他做了个大胆的决定——放弃服装、拉链厂，转做卫生巾。

1985 年，"恒安"在福建诞生。 然而思路对头起步却不轻松，投产过程充满艰难险阻。卫生巾这种"舶来品"，并未被市场接受，产品严重积压，恒安连工资都险些发不出去。

顶着巨大压力的许连捷，绞尽脑汁、想方设法通过提高质量和品牌宣传，让受众群体接纳"卫生巾"。经过一年多的辛苦支撑和市场开拓，终于打开了市场，受到越来越多女性消费者的青睐。恒安工厂前排起了长龙，经销商们争相拿着现金来订货。1992年，恒安的"安乐"卫生巾拿下国内40%以上的市场份额，成为行业第一。1998年12月8日，恒安股票在香港联交所上市。在许连捷的掌舵下，恒安三十多年来稳健发展，成为国内最大的生活用纸和妇幼卫生用品制造商。

许景南：拉板车拉出上市公司

在享有中国"运动鞋都"美誉的泉州，匹克是一个不可忽视的存在。它不但是业界的一棵常青藤，而且也是品牌国际化的先行者。

许景南就是"匹克"之父。与泉州众多的创业者相类似，许景南也是从很低的起点迈步的。但难能可贵的是，他砥砺前行几十年间，把自己创立的匹克集团不断带上新高度。

1974 年，高中毕业的许景南不得不回乡当知青，为了谋生，他购置一辆重载板车，整天跑砖厂、煤厂，靠干重体力活的拉板车解决了一家人的温饱问题。这是他挣的第一桶金。几年后，许景南用积蓄经营拖拉机运输队，又发展成汽车运输队。

1988 年，改革开放逐渐深入，为许景南提供了人生的新机会。此前泉州地区如雨后春笋般冒出了大批具有侨资和外资成分的服装、鞋帽中小加工厂。一个偶然的机会，许景南结识了一家外商，经过洽谈后，合资创办丰登制鞋有限公司。起步阶段，公司从事的是来料加工做外国名牌鞋，但一段时间后，许景南产生创中国品牌的强烈意识。他把公司改名"匹克"，用英文"PEAK"的音译，寓意将以攀登顶峰的精神，塑造自己的名牌。

许景南通过深入调查，意识到未来的市场就是品牌的市场。他用高薪将泉州为耐克代工的大部分技术人员、工人全部吸收到自己的工厂，奠定了匹克运动鞋生产的高起点。在 20 世纪 90 年代初，许景南开始进行企业商标的全球注册，使商标在各个国家都能够得到认同与保护。1995 年，匹克在同行业中率先通过 ISO9001 质量管理体系认证，与国际接轨，坚持"质量第一"的质量创牌道路。为推进品牌"国际化"，匹克不断开展和加强与国际高端组织以及国际知名体育明星的紧密合作，通过赞助奥运会等高端赛事扩大在海外的知名度和影响力。匹克在海外拥有 100 多个经销商、1000 多个经销网点，建立起产销结合的国际品牌运营体系，业务遍及欧、美、亚、非、澳五大洲 100 多个国家和地区。2009 年，匹克跃上香港资本市场，成为继中国动向、李宁、安踏、特步和 361°之后，登陆香港资本市场的第 6 家国内运动鞋服制造商。

陈秀玉：农家女叩开深股中小板

在强手林立的泉州商界，陈秀玉并不显山露水，但她却写就了"农家女"叩开深圳证券交易所中小板大门的传奇。

1980 年代初，20 多岁的陈秀玉还是一个极为普通的农家妇女。为了生活，她进入南安县溪美镇贵峰村民办的一家简陋的水暖厂，当了一名翻砂工。即使她怀有身孕，为了微薄的薪水也还得在烟尘滚滚的厂房内咬牙苦干，酸楚的泪水只能在梦中吞入腹内。

几年后，有了一定技术和管理经验的陈秀玉与人投资 2 万元，在县城边上开办了加工消防器材小厂。谁也想不到，二十多年后它会"乌鸡变凤凰"，陈秀玉也因此实现人生的逆袭。人们称道出自草根的企业家事业之成功，都不吝赞美其顽强的拼搏精神和过人的坚韧毅力，但陈秀玉更值得称道的是对高级人才的重用。她积极引进高端人才，借智帮企业转型升级，为天广消防脱颖而出、保持竞争优势打好基础。她还组织推动创建福建省消防行业及南安市第一家博士后科研工作站，开发出很多位居国内国际领先的新专利、新产品。当企业发展规模还不大时，她别具识人用人慧眼，首开南安企业界引进博士的先河，花重金和释放企业股份，从北京引进一位博士后，由其负责筹划公司上市工作。2010年，在企业的执着努力和各级政府支持下，陈秀玉在深圳证券交易所敲响了中国消防行业中小板第一股的钟声，"天广消防"在资本市场绽放异彩。

黄少雄：养蜂人酿出"万家美"

在南安市区附近，风光旖旎的西溪河畔，坐落着一处面积偌大的花园式工厂，它就是国内专业设计、生产、经营针织毛衫的优秀企业、福建省明星企业——福建万家美轻纺服饰有限公司。

令人难以置信的是，一手缔造这个中国著名羊毛衫企业的董事长黄少雄，却是一个木匠出身又从事养蜂的普通农民。在经历了千辛万苦的磨砺后，他书写了一部璀璨夺目的逆袭传奇。

黄少雄是南安美林人，出生于 1950 年代末，1970 年代初初中毕业后即走上社会，先拜师学木匠，以此养家糊口。后来，他又随舅舅走南闯北放养蜜蜂，最远处曾到达西部边陲。十几岁就承担了家庭经济重负、饱尝生活艰辛的他，在 20 世纪 80 年代初萌发了创业念头。因为这时他看到南安的罗东、美林、县城一带，一些旅港乡亲到家乡搞来料加工毛衣业务，不少小作坊兴起，只要有厂房、有订单、招到几个工人就能做起来。于是，他用养蜂和做木匠赚下的一点资金，与一名合伙人以每月 600 元的租金租了一台手摇针织机，雇了两名女工，组织生产毛衣。但几个月后一算细账，反亏了 300 多元。一出手就闹个灰头土脸，黄少雄很尴尬，但性格倔强的他不甘失败，第二年又邀了七八名股东去承包一家加工厂。就这样，依靠二十几台手摇针织机，几十号工人，摇摇晃晃经营了近十年，最好的年景不过赚六七万，差的时候只有二三万，因为没能多赚到钱，股东们一个个心灰意冷，都陆续退股转行了。到 90 年代初，工厂只剩下黄少雄一个股东，又当老板又当杂工又当推销员，天天骑着摩托车，把产品从南安拉到 50 多公里外的石狮售卖，有时一天还跑了四趟，来回 400 公里，人都要累趴了。一个偶然事件的刺激，让黄少雄几乎要崩溃和放弃了。一次，黄少雄在石狮市场把卖剩的二三十件毛衣以每件 2 元钱贱卖，但无人问津，有人还嘲讽道："这么差的质量，白送我也不要。"

黄少雄受到莫大刺激和羞辱，几天几夜心情都不能平静，但此事也给了他深刻反思的机会。他对十几年经营的思路和方式进行全面思考，得出了两条心得：一是以前产品生产总是以便宜为原则，选料价低质差，跟不上潮流；二是因为缺乏资金、生产规模小、产销全靠自己，跟不上市场变化的速度。

痛定思痛，黄少雄觉得要在这个行业干下去，必须找到新方法。转换思路天地宽。经过考察，黄少雄发现罗东一带的加工厂有一种手编提花针织机生产出来的毛衣很有特色，生产它的机器在全国是比较先进的，所以生产的女装比较新潮。于是，黄少雄开始开发设计新产品，组织好原料，再委托给罗东一带的加工厂生产。经营方式改变后，效果出奇的好，当年利润居然翻了一两百倍，随着资本快速积累，黄少雄在家乡购置了 60 亩土地，建起了一座集产品设计和生产高品质高附加值针织毛衫的现代化工厂，同年正式成立了万家美针织有限公司。

大河奔流，涛走云飞。天还是那片天，地还是那方地，但是人却变成了不一样的人。许连捷、许景南、陈秀玉、黄少雄从普通的农家人变身为知名的企业家，他们的传奇故事，为泉州这块民营经济的乐土，注入了多少金色含量！

1959 年，回到韶山的毛泽东主席诗兴大发，激情澎湃地写下诗句"喜看稻菽千重浪，遍地英雄下夕烟"。由衷赞美故乡的劳动人民是"遍地英雄"。在泉州这片民营经济的热土，我们也看到了逐浪弄潮的"遍地英雄"，他们不但创造了巨大财富，打开泉州嬗变奋进的新天地，而且用逆袭改运的拼搏奋斗生动诠释了"人民群众创造历史"的真谛。

各显神通

万事开头难。从十足的"泥腿子"和"门外汉"，要变身为企业经营者、当家人，个中的艰难困苦非一般人所能想象。然而，泉州大地上成长起来的第一代企业主却各显神通，演绎出了精彩纷呈的创业史，也为民营经济发展留下了许多富有文学性的"传奇"。

移花接木

在私人做买卖等同于搞"投机倒把"，就是"走资本主义道路"的年代，一批敢于冒险犯难的石狮人为了摆脱贫困、追逐财富，他们想尽办法，把买卖做得流水无痕又风生水起。

一则故事至今流传。有一个年轻人在石狮收购了大量像章后准备带到外地销售，怎么才能混过车站的严查呢？他胸有成竹。他先把十几个木箱钉得严严实实，然后把它们搬上火车。他在胸前搭着一条事先准备好的毛巾，上面别了一溜精美的像章。他在车厢里来回穿梭，一见到解放军战士就主动搭讪。战士们被他毛巾上的像章所吸引，他套上近乎后就慷慨地赠予每人一个像章。很快地，他和战士们打成一片。到达目的地时，战士们热情地帮他把这些箱子搬出车站，管理员以为是军用物资，根本没敢过问……

就这样，精明的石狮人用常人难以想到的计谋，达到了出奇销售的目的，赚到了理想的利润。在他们中间，出现了一批在当时中国还十分稀罕的"万元户"。

"草船借箭"

1979年初，柯子江还是安海的一个农民，在家里种着几分田，同时还去打点零工，替别人卖机械配件。当他看到政策放宽了，允许社队企业有更大发展，就开始琢磨创办自己的机械锻造厂。他听说厦门机械厂有零部件需要加工，头脑灵光一闪就跑去与厂方接洽。厂方问他有没有厂房、设备、资金、技术人员？柯子江被问住了。但他很快就想出了对策，眼下厂房、设备、资金、技术我都没有，但别人有，我可以整合利用……他果断回答：这些我都有，你们可以到安海实地考察。 回到安海后，柯子江马上与养正中学校办厂和镇农机厂联系，借他们的厂让厦门机械厂来人看一看。 厂方考察后认为生产条件还可以，就把外加工的活给了柯子江。 柯子江不可思议地拿到了一份委托加工合同，干脆弄假成真，租用养正中学校办厂。

合同到手后，柯子江立即召集自己熟悉的 24 位农民，合伙吃这块"大肥肉"，一人出 300 元算一股。 大家既是股东又是力工，先约定好，苦干一年不发工资。 然后，大家开始租厂、雇技术员、组织生产……结果，当年赚了 3 万多加工费，除了付租金外，还购置了 3 台机床。 第二年企业进一步盈利，于是扩大再生产，申请登记注册，安东机械厂正式挂牌远航。

巧技取胜

1990 年秋，一个晋江人设计出来的"活卡调节"西裤走俏北京、上海的大商场。 此前人们还没见过这款创新型的产品。

出品人庄玛健是退伍军人，曾任农村生产队书记、晋江地委党校干事。 1986 年，他弃政下海，创办青阳联友服装厂。 在激烈的商场竞争中，出道不久的他就做砸了一单生意，亏本 7 万多。 吃一堑长一智，面对越来越白热化的市场竞争，他孜孜不倦地琢磨如何拥有优势、立于不败之地。 经过反复探索，他从消费者的需求出发，设计推出了裤腰可以调节的"健马"牌西裤。 这种西裤的裤腰上装有 JM-89 型活卡调节拉链，可使裤腰在 1～12 厘米之间任意伸缩，裤形不变。 各种体形的人穿着都能舒适合体。 这一创造列入 1990 年福建省重点技术开发应用项目。 同年 10 月获全省乡镇企业服装质量评比优秀设计奖。 在其后的 3 年里，健马牌西裤畅销 18 个省市 50 多家商场。

至诚石开

一个朴实无华、没有过硬社会关系的农家妇女，是怎样敲开大上海市场的？ 苏秀宝的答案是"精诚所至，金石为开"！

苏秀宝曾是晋江内坑乡办陶瓷厂的一名工人。乘着改革开放的东风，她借了 1000 元做起小买卖。后来办起养猪场，还荣获全国"三八红旗手"称号。1991 年，她与港商合资创建"晋德康"制衣有限公司。

　　怎样把自己厂里辛辛苦苦生产出来的产品推向社会？从小吃惯苦、挑惯重担的苏秀宝打起背包，带着"爱德康"西裤闯进大上海。她一次又一次拿着产品走进各个商场经理的办公室，驻足在时装柜台前，但每次都吃了闭门羹，坐了冷板凳。她伤心欲哭，但并未绝望退却。于是她拿出农村妇女的泼辣与韧性，把产品从包装袋里取出来，到处请柜台小姐、商场经理挑剔毛病，她诚恳的态度终于打动了某商场经理。他说，你实在太老实了，与别的生意人大不一样，你的产品确实有特色，质量好，就留下来参加我们商场的换季大展销吧。苏秀宝忍不住流下了兴奋的泪水。"爱德康"西裤终于以它优良的质量和合理的价格，成为北京、上海、天津、杭州、福州、厦门等大都市的几十家商场的"抢手货"。1993年"爱德康"荣获天津市"全国最畅销商品"称号。

"挖角"老师

　　1980年代末，20多岁的磁灶人W君与家族一些成员合伙创办了一个陶瓷厂。草创阶段经营管理有待规范，他就报名参加了福建省经济干部管理学院的乡镇企业培训班。就学期间，他结识了年龄稍长的老师H君。交谈后得知，H老师的父辈居然与W

君家族的长辈同在闽西北某大企业工作过，于是他们的关系变得熟络起来。 W 君展现了晋江人豪爽阔气的性格，经常和几个同学邀 H 老师聚餐。 一来二往，他们便疏淡了师生名分，变成无话不谈的朋友。某次酒酣耳热之际，W 君当面邀老师来他厂里走访。 在厂里的欢宴中，W 君又进一步，邀请老师到他厂里当顾问。 见老师踌躇，他用激将法刺激，实践是检验真理的唯一标准，老师你教的这些经管知识，就是需要在我这里经受实践检验呀，不然学生不行，老师也无光呀……老师被打动了，于是出任了企业顾问。 后来，这一"顾"和一"问"居然长达几十年！ H 君不但以企业为家，贡献平生所学，推动一个地处偏僻乡村、面临严酷竞争的陶瓷企业成长为晋江市陶瓷建材骨干企业，而且还带进许多弟子门生来这里实习工作，留下了许多与企业共成长的佳话。

科技先导

纺织服装是泉州比重最大的传统产业。 在成千上万的企业中，福建晋江凤竹针织漂染实业有限公司堪称业界的"龙头"和航母。 该公司成立于1991年，之所以长盛不衰，乃是因为公司领导层始终坚持以科技为先导，为传统企业注入强大的内生动力。

1990 年代初期，民营企业的起点都还很低，拼成本、拼廉价劳力、粗放经营是常态，但凤竹掌舵人陈澄清就制定了"以科技为先导，全面提升企业整体素质"的发展战略，积极致力于产业升级和技术改造。 每年投资 2000 多万元进行技术改造，不断扩大生产规模。 陈澄清还亲自担任公司科技协会主席，加大新技术项目的科研开发，在业内率先大量采用高新技术，全方位提高产品质量。 在引进国外先进的设备与技术的同时，陈澄清做到了设备、技术与市场需求相结合，使用一流设备、一流技术，创造一流产品，并通过每年参加国际纺织机械展览会的机会，全面了解国际的最新信息与技术。 这些举措取得了显著成效，迅速使企业专业装备及基础设施的技术含量均跃居国内同行领先水平，以织造、染整和漂染筒子纱线为代表的专业设备 80％达到国际一流水平，形成了一个较为完善的技术创新体系和产业链，成为福建省最大的针织漂染专业厂家和针织品出口生产基地。2004 年 4 月，凤竹纺织 A 股（600493）在上海证券交易所挂牌上市，成为晋江本土企业登陆上海股市的第一枝"报春花"。

螺旋发展

前进道路难免有晴有雨，民营经济之舟也不时遭遇汹涌波涛。 泉州人记忆甚深，一些重大事件，曾经对蹒跚前行的民营经济造成猛烈冲击。

1977 年春，一部名为《铁证如山》的记录片在全国内部放映，将石狮打成"资本主义复辟"的"黑典型"，石狮被甩上风口浪尖。 一支庞大的工作队进驻，任务只有一个："严厉打击资本主义复辟！"在地毯式清查中，很多个体工商户纷纷进了"学习班"，罚款的罚款，取缔的取缔，情节严重者还被判刑入狱。 石狮人的生活彻底失去了宁静。

1985 年，晋江陈埭发生了"假药案"，一些乡镇企业开办假药厂，伪造卫生行政部门的药品审批文号，非法生产、销售假药，在全国各地蔓延开来。

一些领导部门对来自各地的投诉置之不理，继续对假药生产销售睁一只眼闭一只眼。 7 月 13 日，中纪委在中央电台、中央电视台和《人民日报》上发表了给福建省委并转信晋江地委行署党组的公开信，指示要从严从快解决晋江假药案件。 不久之后，中纪委的调查小组来到晋江，开始对假药案件展开全面的调查。 1985 年 8 月 10 日，晋江县召开查处假药案大会，依法逮捕了四名制造销售假药的犯罪分子。 8月 11 日，中共晋江县委宣布了对假药泛滥成灾负有重大领导责任的陈埭镇党委进行改组的决定。

假药大案掀起轩然大波，晋江在往后的很长一段时间里都被贴上了制假售假、背信欺诈的标签。 很多外出的晋江地区的商人都受到牵连，几乎没人愿意和他谈合作、做买卖，甚至外出坐火车、乘飞机都会受到旁人的排挤。 这对于刚刚崭露头角的晋江民营经济而言无疑是巨大的打击。

二十世纪八十年代末九十年代初，苏联解体、东欧剧变。 由于国际上反共反社会主义的敌对势力的支持和煽动，国际大气候和国内小气候导致一九八九年春夏之季我国发生严重政治风波。 同期间，国家实施"治理整顿"政策措施，要求各地将非国有、集体企业重新定性并换证。 一时间，"重新定性与土改时定成分类似"等论调，与姓"社"姓"资"的激烈争论相呼应，引起民营企业恐慌——戴"红帽子"的企业怕摘帽，没有帽子的争戴"红帽子"。

历史的吊诡在于悲喜交加。 经过风雨洗礼、大浪冲刷，泉州民营经济除弊祛害，肌体更加健康强壮。 在历史发展的每个阶段，各级党委政府坚持实事求是的思想路线，充分用好中央的政策，因地制宜保驾护航。 曾任晋江县委书记的郑炳山回忆，当上级取缔石狮小商品市场后，晋江县委建议镇领导加强管理，不让电视机、收录机、手表、布匹等走私货公开在大街上摆设，但可以选一些偏街僻巷，搞一个小商品市场，把经营者集中在一个地方经营，继续招徕外地顾客。 县委也努力设法向上做工作争取开禁。利用一次省委主要领导去祥芝视察的机会，想出巧妙的办法，让主要领导顺路到新办的石狮小商品市场看看，终于获得认可。 曾任晋江县革委会主任的陈渊源记述，1980 年 8 月，晋江县委、县革委会联合发文《关于加快发展多种经营和社队企业若干问题的规定》，主要内容是调整农业产业结构，鼓励发展多种经营，搞活农村经济。 公开宣布"五个允许"：农民集资办企业、集资企业雇工、股金分红、供销人员按业务量提成和价格随行就市。 尤其是，提出充分发挥晋江华侨和港澳同胞多的特点，大力发展外贸出口产品。 欢迎华侨和港澳同胞自愿捐款、赠送设备支持发展多种经营和社、队办企事业。《规定》出台后，有力推动晋江掀起农村商品经济发展热潮，晋江的民营经济以星火燎原之势迅猛发展。 曾任晋江县委书记的尤垂镇回忆，县委在讨论乡镇企业定性问题时，为继续支持和保护乡镇企业，决定放宽对集体企业的认定标准，即"自愿联合、合股经营、共同劳动、民主管理、实行按劳分配和股金分红、在税收利润中留出一定比例的公共积累的企业"。对更多连厂名都没有的家庭作坊式小工厂，县政府发文，用工数量要实事求是，按乡镇企业对待，用这种变通方式保护私营经济，帮他们戴"红帽子"、吃"定心丸"。例如，早期陈埭镇的 20 张集体企业牌照，被 190 多家联户集资的民营企业挂户。

两岸猿声啼不住，轻舟已过万重山。尽管泉州民营经济的发展一路都是爬坡过坎、风雨兼程，但党的十一届三中全会确定的改革开放路线始终引领方向，桎梏中国大地的思想坚冰逐渐消融，压在泉州人头上"复辟资本主义"的沉重大山也被搬掉，侨乡优势一步步被激活和释放出来，以晋江（含石狮）为代表的民营经济日益发展壮大。1980 年，晋江地区工业总产值首次超过农业总产值，达 8.26 亿元，占工农业总产值 54.74%。1983 年 5 月 14－17 日，福建省委、省政府在晋江县召开全省社队企业陈埭现场会，推广陈埭公社大办社队企业的经验。时任省委书记的项南赞扬陈埭公社是福建的一枝花，希望这样的花开遍八闽大地。1984 年，陈埭镇成为福建省首个亿元镇。

1987 年 12 月 17 日，国务院批准石狮升格为省直辖县级市。目的在于为推进改革开放综合实验和行政体制改革、充分发挥侨乡优势、释放民间活力

"试水""探路"。1992年，长期的"高产穷县"——晋江撤县建市，并一路领跑福建各县（市），历史至此走过了一个螺旋式发展的轨迹。从此，泉州民营经济发展势头犹如大江东去，滔滔奔流不回头。

给点雨露就滋润，给点阳光就灿烂。 改革开放的国策，给中国大地带来生机活力。 民营经济之花从沿海到山区，开遍泉州大地。 以三资企业、乡镇企业、个私企业一齐上的"村村点火、户户冒烟"凸显了 1980 年代起步阶段的泉州特征。然而，乍暖还寒的天气，也时不时浇下兜头冷水，野蛮生长的花丛也会枯萎一片。 一些媒体将私营企业称作搞资产阶级自由化的经济根源，否定改革开放、否定民营经济的"左"风抬头，让那些为摆脱贫困而下海搏浪者人心惶惶……

东方风来满眼春。 1992 年，邓小平同志的南方之行"石破天惊"！ 坚持改革开放一百年不动摇，坚定不移促进社会生产力发展莫彷徨。 党的十四大确立了建设社会主义市场经济体制的大政方针，使无数蹒跚前行的泉州民营企业，看到了光明前景，吃下了定心丸，更加勇敢踊跃地投身国家新一轮现代化建设大潮，民营经济进入了一个快速发展、崛起壮大的新阶段。

春风化雨，一路芳华。 一个百舸争流、万花争艳的新局面到来了！

第四篇 万花争艳

草根产业打天下（上）

　　泉州的民营经济，是以实体经济起家的。数十个有地域特色、有较强竞争力、有广泛影响力的支柱产业打出了一片天下。现在的人们很难想象，如今泉州的服装、鞋业、建材、水暖、食品、机械装备这些千亿产业、百亿产业，最早是从一只鞋、一匹布、一块砖、一个水龙头起步，从小到大、由弱变强，并涌现出一批知名民营企业的。在他们开始创业时，他们可能不曾想到今天会干出一番不同凡响的大事业，但经过几十年的沉淀深耕终于盛大绽放、创造历史！

　　回溯过去几十年，每个产业的发展史，都可以写出皇皇巨著。那些目前执产业牛耳的"带头大哥"也值得大书特书。不过，信奉"人民群众创造历史"的我们，更愿意把笔墨聚焦催生这偌大"草根产业"的那些先行者身上。

林土秋

晋江现在是举世闻名的"中国运动鞋之都"。早在 20 世纪 70 年代末，国际运动鞋龙头品牌耐克就在晋江设立了一座鞋厂，许多当地人在厂里打工，同时学到了先进的生产技术。然而，勤奋聪明的晋江人不满足于"打洋工"，他们也梦想自己当老板，造出有自己名号的鞋。

1980 年代初，陈埭村民林土秋的姐姐从海外回来，看到弟弟日子过得十分辛苦，就建议他办厂。在姐姐的支持下，林土秋联合 14 位村民，每人出资 2000 元，创办了晋江第一家民办鞋厂——洋埭服装鞋帽厂。林土秋去了一趟上海，发现皮鞋很受欢迎。他从厦门请来师傅，买来材料和简单的设备开始生产，很快就走俏市场。

一花引来百花开。看到林士秋发了财，当地人纷纷跟进，全镇迅速出现了各种大小不一的鞋厂，几乎家家户户开始做鞋或制作做鞋用的材料。久而久之，一个庞大的鞋产业链形成了。再往后，安踏、特步、金莱克、喜得龙、361° 等著名鞋企横空出世。

洪肇设

今日泉州，服装产业蔚然壮观，诞生了柒牌、利郎、劲霸、拼牌、七匹狼等知名企业。而考察历史发展进程，柒牌是不可忽视的一扇"窗口"。

福建柒牌集团有限公司是晋江最早崛起的服装业领头羊之一，其拳头产品"中华立领"因李连杰的代言而名扬天下。

公司创立者洪肇设出生于 1953 年。 1979 年，住在英林海滨的洪肇设用自行车推着 80 公斤重的花生米去安海镇售卖。回来的路上，经人介绍，洪肇设从石狮买到一捆当时较为罕见的化纤面料。有着裁缝基础的他，萌生了做服装生意的念头。新婚不久、生活压力大的他说干就干，凭着一把剪刀、一架缝纫机和 350 元资产开始白手起家。 1984 年，洪肇设开办晋江地区第一家乡镇企业新艺佳丽服装厂，申请注册了"佳丽牌"商标，设备也从脚踩缝纫机逐步更新成电动缝纫机、工业缝纫机。进入 1990 年代，民营经济发展环境变得更好，他投入巨资建成占地数十亩，含七栋厂房的柒牌工业园。在洪肇设的掌舵下，柒牌企业稳健发展，成为中国历史最悠久的民族服装品牌之一。

吴金世

磁灶镇是一个具有 1500 多年烧制陶瓷历史的名镇。 宋元时期磁灶窑是泉州重要的陶瓷外销窑口，其产品在日本和东南亚的菲律宾、印度尼西亚等国均有发现。 磁灶窑址多分布于梅溪两岸，最有代表性的金交椅山窑址，是全国重点文物保护单位，并被列入泉州的世界遗产点。

改革开放后，磁灶人继承光大祖先留下的制陶技术，专业生产建筑陶瓷，成为与广东佛山、山东淄博、河北唐山并列的中国四大建筑陶瓷生产基地。

值得一提的是，磁灶陶瓷建材行业之能超常规跨越式发展，与一位业界老人的开拓性贡献密切关联。1979 年，磁灶人吴金世，历经多次的实践终于在千百年的古窑里烧出了现代的釉面砖。 吴金世是"文革"前的老高中生，学业甚优，辍学返乡在村里当会计。 期间，他孜孜不倦地钻研陶瓷烧制技术，终于实现历史性突破。 难能可贵的是，烧瓷技艺精湛的吴金世经常把技术毫无保留地传授给同村人，磁灶从此开始了真正意义上的跨越，建陶企业得到了超常规模的发展。

洪光明

南安市是中国著名的"水暖消防器材之乡"。若回溯历史，人们公认位于市域西北角的仑苍、英都是最主要的发祥地。

英都人洪光明，是最早从事水暖生产、值得一书的"吃螃蟹者"之一。1977年洪光明外出谋生，到湖北省武汉市国棉三厂修理水龙头。他看到盥洗室许多职工用完水未随手拧紧水龙头，放任水直流，感到十分心疼。这一不经意的发现，使他萌生了改进传统水龙头的念头。他认为自来水白白流掉，固然是职工节约意识不强所致，但也和水龙头构造的先天性缺陷有关。当时沿用螺旋升降式水龙头，一次启闭要拧好几圈确实麻烦，如果能设计一种自动关闭的水龙头，就能有效杜绝这种浪费现象。于是，他潜心研究，在水龙头开关部位增加了弹簧装置。他的父亲是木匠，担负了制作模具的任务，几个人土法上马，边做边修改，用一个月时间，制造出"手压快速水嘴"，以后又推出脚踏阀、快速阀等节水系列产品。这些产品以其显著的节水效果，倍受欢迎。

为了更好地让这些节水阀件发挥社会效益，1978年洪光明回乡创办水暖器材厂，开始了以研制节水系列产品为宗旨的创业生涯。 1983 年他开发研制生产的铜制快速阀、脚踏阀、手压水嘴等系列产品，以其优异的节水效果及稳定的质量受到北京、天津等缺水地区广泛欢迎。 经过持续发展，1996 年洪光明创办了"申鹭达"集团有限公司，成为南安水暖业的旗舰之一。

林树哲

在泉州早期的服装产业发展中，针织业占有不同寻常的分量。 尤其是港资"南字号"针织厂的落地布局，不但解决大量城镇人口就业，而且为针织业的扩展壮大提供了充足的人力资源与技术支持，其社会效益不可估量。 其间，港商林树哲厥功甚伟。

林树哲曾是一名知青，"文革"中在深山区大田县插队，1974 年赴香港定居。 1980 年，林树哲受南益集团董事长吕振万委派，回到家乡南安开办针织厂。 创业初期条件十分艰苦简陋，从深圳入境乘长途车到泉州要走上三十多小时，一路颠簸身体几乎散架，打一个到香港的长途电话必须跑几十里路到泉州邮电局。 林树哲历尽艰难困苦，一手打造了庞大的"南字号"企业王国。 在改革开放初期，南字号企业主要从事毛衣织造、针织制衣领域，为国际上一些知名品牌贴牌代工，产品畅销 30 个国家和地区，广受客户好评。 其后，成立南益集团（福建）有限公司，不断拓展多元化产业，茁壮成长为福建省名列前茅的外资企业。 时任福建省委书记的项南曾誉之为"闽南的第一支报春花"，肯定其对整个福建招商引资的重要示范作用。

草根产业打天下（下）

邱仅生

惠安享有"中国建筑之乡"盛誉，其建筑业具有悠久的历史和精湛的技艺，并成为该县国民经济发展的重要支柱。

2021年12月30日，惠安县建筑产业高质量发展大会召开。福建省闽南建筑工程有限公司党委书记、董事长邱仅生被授予"建筑行业领军型企业家"荣誉称号。当他从县委书记王春雷手中接过证书时，全场报以雷鸣般掌声。

邱仅生，惠安县净峰人，1943年2月出生。作为从事建筑业45年的"老兵"，获此殊荣可谓实至名归。1977年，时任惠安县建筑联社工段长、施工员的邱仅生临危受命，进入净峰建筑社出任经理。其时净峰建筑社是一个只有11个员工、18平方米旧房子、160元流动资金的烂摊子，已濒临倒闭。面对无数困难，邱仅生没有退缩，而是迎难而上。首先，在企业内部经营机制上实行一级核算、分级管理的模式，把各种生产责任制落实到各施工队、班组，并明确规定，公司外辖的分公司、工程处等机构的人员统一由公司派任，工资、劳保及奖金一律由公司发放，经济效益和施工质量相挂钩。其次，大力延揽人才，加强人才队伍建设。邱仅生求贤若渴，1993年夏天，他冒着酷暑，四处奔波，在人事部门的支持下，一个月内从外地引进12名专业人才。对进入公司的人才，务使他们创业有机会，干事有舞台，发展有空间，生活有优惠。几十年来，公司已拥有一大批中、高级专业人才。其三，狠抓质量、创立品牌。邱仅生始终把安全生产和工程质量放在突出位置，全面推行施工全工程、全动态管理。他组织建立了自上而下、从左到右的纵横互补的安全、质量保证体系。他每到一个工地，都要亲自进行现场检查督促，不放过任何事故苗头、质量问题。公司承接的几百项建筑工程，质量全面达标，没有发生重大安全事故，屡次受到各地各级政府的表彰。

闽南建筑公司在邱仅生的带领下浴火重生，从一家乡镇建筑社，不断攀上新台阶：二级、一级、特级，企业逐步发展壮大为全省首家特级资质民营建筑企业，在全国拥有30多家分公司，员工3500多人。连续五六年成为福建省龙头企业、纳税大户，且连续回乡缴纳所得税一年都达上亿元以上，完成的产值达一百多亿元。 邱仅生被人们尊为"惠安建筑业的领跑人"。

蒋细宗

惠安石雕历史悠久，以出神入化、巧夺天工的技艺名扬四海，享有"中国石雕之乡""世界石雕之都"美誉。 改革开放后，惠安石雕这一传统技艺得到发扬光大，众多的石雕厂将人物、花鸟、走兽、日用器皿等几百种石雕产品销往世界各地。

在数以千计的石雕企业中，崇武人蒋细宗是出色的"带头大哥"。 他出生于世代以渔为生的渔工家庭，从1970年代中期起担任村里的党总支副书记，80年代出任大蚱渔港建设总指挥，改写了前人七建七垮的历史。 1993年，蒋细宗华丽转身，弃海上陆，相继创办了惠安豪达石材厂与泉州豪翔石业有限公司，经过持续稳健的发展，他的企业实现一次又一次的跨越，豪翔成为惠安乃至中国石材雕刻业规模较大的企业之一。 同期间，蒋细宗还担任惠安石雕石材公会会长，面对人民币升值、出口退税调整、成本上涨等石材产业面临的挑战和压力，蒋细宗毅然挑起引领整个行业发展的责任，为维护石材行业健康发展和整体利益而积极奔走。

值得称道的是，蒋细宗领导的豪翔石业，坚持走创新、精品路线，公司创作的花岗岩石雕九龙柱被载入"大世界吉尼斯之最"记录；石雕作品《海魂》《铁观音》《夜光环》分别荣获中国第一届、第三届、第四届雕刻大赛三等奖、二等奖、一等奖。2008年，豪翔石业受托精心打造的一座7.96米高的郑成功骑马汉白玉雕像，由泉州市人民政府赠送台南市，安坐于延平郡王祠庭前。"豪翔元素"在这段两岸交流的佳话中熠熠闪光。

曾星如

安溪曾经是中国最大的贫困县，然而进入21世纪，安溪却跻身中国百强县。回首安溪翻天覆地的变化，不能不提到早年创办安溪第一家中外合资企业，积极帮助家乡摆脱贫困的港商曾星如。

曾星如1925年生于印尼泗水。他7岁由父母带回龙门镇龙山村，1946年底，前往香港谋生。经过几十年的奋斗，他的事业发展到集团企业，经营服装、水产、地产等多种行业，成为香港工商界知名人士。

1983年底，曾星如回乡探亲，在与家乡领导交谈中，他认为经营竹藤工艺品是投资少、用人多、见效快的劳动密集型项目，很适合当时安溪劳力多、资金短缺、资源丰富、有传统编织工艺的县情，双方初步洽谈合资创办藤器企业意向。1984年2月，曾星如物业有限公司与安溪联益发展公司合资，创办安溪第一家中外合资企业——福建安星藤器企业有限公司，双方各投资50万元。公司于1985年1月正式投产，产品全部外销，第二年就收回全部投资并有盈利，第三年就完成产值2000多万元。

曾星如始终把扶持安溪脱贫作为"安星"一项重要任务。从1986年开始，公司先后在15个乡镇设立62个加工点，共安置7000多名劳力就业。开办5年多时间里，公司共发放工资5000万元，扶持6000多家农户摆脱贫困。公司还向贫困山区收购竹梢、地瓜藤、芒草心等作原辅材料，使贫困山区农民增加收入1500多万元。难能可贵的是，曾星如总是把公司盈利用于继续投资扩大再生产，共在安溪投资创办5家"三资企业"，倾力促进家乡经济的发展。还堪大书一笔的是，安星藤器公司为安溪培育大量技术人才，促进安溪藤铁工艺产业的发展。如今，藤铁工艺已经成为全县一大特色产业，年产值超百亿元。安溪人民依靠藤铁工艺产业，扎实推进脱贫致富，曾星如功不可没。

茶业三杰：王文礼、陈双算、王奕荣

安溪是中国铁观音之乡，制茶历史悠久，盛名远扬。然而安溪曾是全国重点的贫困县。随着改革开放深入推进，由国家统购统销的茶叶专营制度得以改变，安溪茶业生产力得到空前提高，成为脱贫富民最重要的产业。茶业兴带来百业旺，安溪一举甩掉贫困县帽子，跻身百强县行列。

在"茶业兴县"的历史进程中，王文礼、陈双算、王奕荣是作出杰出贡献的领军者。

王文礼出生于 1970 年，大学毕业后，于 1993 年创办溪源茶厂。他是安溪建设高标准茶园的先行者，率先建立种植、制造、加工、销售一体化运作体系。1996 年在深圳注册成立八马茶业有限公司，进军国际和国内市场。通过建立完善现代企业制度，重视乌龙茶制作技艺传承和保护，"八马"品牌知名度、产品市场占有率、茶叶出口额、年纳税额均居安溪民营茶企业之首，并带动安溪茶业一批又一批企业快速成长。

陈双算出生于 1952 年。他是安溪杰出制茶专家。1978 年，他剪取优质铁观音接穗 2500 公斤，推广培育扦插面积 800 多亩，推广铁观音茶园面积达 3

万多亩，并总结创新一整套制作安溪铁观音的技艺流程和技术要领，对安溪应用扦插技术推广铁观音种植，起到极其重要的作用。尤其可贵的是，陈双算身怀绝技却甘于无私奉献，长年无偿为安溪广大茶农讲授制茶技术，数万茶农从中受益。

王奕荣出生于 1945 年。他是安溪杰出制茶能手。1996 年，王奕荣回村创业，了解到由于天热制茶质量差，茶农开展夏暑两季茶叶生产的积极性受到很大影响。他决心向制茶受制于天的历史难题发起挑战。他先走访制茶能手，找到了影响夏暑茶质量的症结，而后大胆提出用人造环境替代自然环境的设想。他研究总结出空调制茶的技术和规律，并率先推广运用，在科技兴茶实践中作出突出贡献，使安溪制茶环境受制于天的历史从此结束。安溪夏暑两季茶叶效益得以大幅度提高。

林文溪

永春是中国四大制香基地之一。"永春香"的制作可追溯到宋元时期，相传阿拉伯蒲氏一族定居泉州，从事香料贸易。明末清初，蒲氏家族为避难移居永春达埔镇，带来了制香技艺，在当地得到广泛的传承与发展。改革开放后，永春香焕发生机和活力，逐步发展成为当地的特色产业，林文溪就是其中的领军人物。

1980 年代末，16 岁的林文溪就到汉口村香厂制香，18 岁被台资企业聘请传授技艺。进入 90 年代，23 岁的林文溪回到家乡办厂，重新打出先祖曾创立的"兴隆"名号。为了开拓市场，林文溪奔赴广东、河北等地学习、考察，把握市场动态，及时提升香品质。为寻找一味香料，林文溪足迹遍布整个中国，甚至只身前往东南亚各个国家。2002 年，经过 5 年的配方和工艺改进，兴隆香业率先推出无烟香，解决了北方冬天室内熏香烟气沉积的问题，迅速占领北方市场。

同一时期，一些具有历史传承的民间人士也投身永春香生产，蔚成风气。2007 年，永春县因势利导，在达埔开发了占地 275 亩的制香产业园（后为中国香都主要园区之一）。林文溪率先将兴隆香业入驻园区，不到一年时间，就建成一个集生产、研发、展示、办公、文化传播于一体的兴隆产业园，同时引进中国台湾、日本先进制香技术和机械设备，推动传统产业进入现代化规模生产。

温克仁

德化是举世闻名的"中国三大瓷都"之一。陶瓷业一直是德化最具特色和最重要的支柱产业。1980 年代，德化陶瓷业从主要生产杯、壶、匙、碟等传统日用瓷，逐步发展到生产瓷塑、小工艺陈设瓷，特别是西洋工艺瓷风靡海外，进一步促进了德化瓷产业的发展壮大。

提起德化陶瓷制品的华丽转型，与温克仁的奋力开拓密切相关。温克仁，1948 年 11 月出生，1969 年从德化一中高中毕业后，进入浔中大队瓷厂当学徒，后辗转多家中小瓷厂当技术员、车间管理、销售科长。1983 年，温克仁担任德化第五瓷厂厂长。上任后，他认真分析现状，深感产品已日渐老化，难以适应新形势发展的需要，决心开创新局面。是年 10 月，在外贸部门配合下，他带着一批样品去参加广交会，亲临现场深受触动。他明确了要使五厂有个较大的飞跃，必须敢于调整产品结构，面向国外市场的思路。此后，他千方百计争取到法国、荷兰、比利时等国家考察的机会。在考察中，他随时随地调查各地外国人所用的各种瓷器的品类、式样、市场销售行情，并拍下许多照片，带回大量图片资料。通过考察，他的发展思路更加明确，及时做出"日用瓷工艺化，工艺瓷日用化"的决策。 温克仁集中厂里的设计师，对他所带回的照片、图片反复琢磨研究，根据西方人的民情风俗、艺术爱好、生活需要，创新设计生产一批又一批镶花小花瓶、花篮、花插，小天鹅、小猫、小狗、小猪、鸡、鸭、鸽、鹤、牛、马、狮、鹿、螺、鱼、龟、蚌，西洋少女、芭蕾舞女、月下情侣、滑稽小丑、圣诞老人，各种小缸、壶、盒、盆等。 这些小雅玩、小摆设、小日用品，博得客商青睐，大量畅销欧美市场，使该厂产量产值效益连年直线上升，产品出口额在乡镇企业同行中多年居全省前列。 1988 年以来，他组织科研人员致力于开发"工艺色瓷""轻质陶瓷"及"釉下彩精陶"新产品，进一步开拓国际市场。 在温克仁的带动影响下，至1990 年代初，德化陶瓷企业纷纷转向生产瓷花、瓷篮、各种瓷雅玩等小工艺品，出口额年年直线上升，成为全国外销小工艺瓷生产的首要基地。

营销大军闯九州

改革开放后，泉州民营经济之所以活跃发达，与数以百万计的营销大军勇闯天下密切相关。他们走出泉州、走出省界、走出国门，满世界寻找和发现商机，打开了一条条商品流通渠道，创造了一个个交易市场，将大量利润带回家乡，由此带旺了泉州经济繁荣，促进了社会发展。

南安人自豪地说，全国各地县城的招待所，除了西藏少数地方，都可以找到来搞推销的南安人。石狮人也得意地说，全国各地的布料市场，很大部分是石狮人在经营。晋江人则讲了一个笑话，有个晋江人初到北京，向一个陌生人问路："到前门怎么走？"那人回答："你基基走（直直走）。"他一听就乐了，原来问到的也是晋江人。泉州人闯天下范围之广、密度之高可见一斑。

也许难以置信，这些走出去的泉州人，绝大部分都是乡野僻壤中的"农哥"，穷则思变让他们义无反顾"冲外省"。他们的经历，与温州人的"四千"何其相似（走遍千山万水、历尽千辛万苦、说遍千言万语、想尽千方百计）。可别看轻他们，虽然是赤脚上岸，但他们穿上皮鞋后却能风生水起。

成功者的故事总会被人们津津乐道。一个家财颇丰的南安人讲述的"冲外省"做成"第一单"的故事，颇具文学喜剧色彩。他出生于山村，没读过几年书，普通话也讲不好。刚出省来到武汉，他瞄准一个国营大工厂的供销科长，要向他推销南安产的水暖。科长很不好接近，他一直在科长边磨蹭了三个月，终于让科长松口了：你明天中午 11 点半到某天桥等我，不见不散。他很激动，提前一个小时就到那座天桥。天桥有三层，他站在二层，左等右等都没看到科长来，直到 12 点半后，他不得不悻悻离开。他感觉是被放了鸽子，但还不死心，次日又再次厚着脸皮去找科长。没料科长劈头盖脸对他一阵臭骂，说他昨天不守信，害自己白等了。他红着脸申辩自己确实到场了，没有爽约。科长问，你在天桥哪里？他回答说，我就一直待在二楼。原来，这哥们书读得少，把科长说的"不见不散"理解成"不上不下"，所以就选在二层。而科长实际上是待在一层。科长听了解释哭笑不得，但也被他的憨厚朴实所感动。

2018 年正月初三日，笔者曾陪同一位北京来的朋友到南安有"四大山头"之称的翔云乡拜访他的友人。 我们进入该乡地界，一路都被密密麻麻的小轿车所阻塞，在一个不知名的小山村，竟然被堵了半个多小时，一问才知道，在这个十分偏僻的山村，居然利用春节期间成立起村级商会。 会员们当然都是"冲外省"事业有成者。 如果不是亲临其境，的确不可想象。

当然，泉州人闯天下最成功者，当属现在成为中国运动鞋第一品牌的安踏企业董事长丁世忠。 1987年，17 岁的丁世忠敏锐地发觉，陈埭镇有 3 千多家鞋企，相互竞争非常剧烈，坐等客户上门，成交价格很低。 他决心走到北京去推销自家生产的鞋子。 于是带着父亲借给他的 1 万块，和精挑细选的 600 双鞋，从福州孤身到北京，长期与人合租住在地下室。丁世忠每天背着鞋往商场里跑，见着人就问要不要买鞋，并非常认真地向对方推销。 丁世忠发现，光靠自己推销费嘴皮子不说，赚的也少，于是他设法找到了一个专门批发鞋的市场租了一个柜台，专门售卖晋江鞋。

当时北京商场里卖的许多都是晋江鞋，但鞋子从出厂最后到商场，这一路上经过层层加价，价格并不便宜，而丁世忠自己带来的这批货定价要比市面上的价低很多，再加上过硬的质量，他带来的 600 双鞋很快便销售一空。

慢慢地，丁世忠和他的鞋子有了名气，在北京各大商场都设立了专柜，连最牛的西单、王府井商场也被他拿下，几年下来，鞋子的销量也涨了不少。1991年，丁世忠带着自己在北京赚下的20万回到了家乡晋江，随后开始走品牌化运营路线。

直观地看，走进泉州广大乡村，随处可见一座座富丽堂皇的高楼大厦拔地而起，它们大多是那些"冲外省"者发了财的标志性符号。随着时间推移，许多外出的供销人员已融入当地，为扎根发展，很多地方纷纷成立了泉籍商会，抱团取暖，也成为家乡与所在地发展经贸交流的桥梁。一些头面人物获得较高的社会地位，被推选为地方人大代表、政协委员。若干年前，泉州市因势利导，启动了招商引资"回归工程"，一些在外打拼事业有成者积极响应，返回家乡投资兴业，为地方经济发展作出了新贡献。

犹记那年在翔云的小山村被堵车时，望着窗外的各色豪车和豪宅，我的思想猛然活跃。是的，在这个福建人口第一大县曾经的穷乡僻壤，许多"泥腿子"因为改革开放获得进城务工经商的机会，通过自己的辛勤打拼，获得了"财务自由"，证明了自己奋斗的价值：他们在家乡建起了新楼，购置了汽车，扬眉吐气地回家过年。更可贵的是，他们以闯荡市场习得的聪明才智，改变了祖祖辈辈面朝黄土背朝天、一世"农哥"愁吃穿的命运。诚如阿基米德所言，给我一个支点，我能撬动地球。让我还感到震撼的是，我所结识的翔云朋友卓君培育女儿的理念。据他说，他发现女儿很有音乐天赋，于是他专门为女儿在北京请到钢琴教师进行调教。由于入户北京时间不长，女儿只能回到南安读小学，他就每个月让太太带女儿打一次"飞的"到北京。假以时日，也许偏僻的翔云山乡，将飞出一只名闻乐坛的"金凤凰"！他的教子之道启示人们：农村治穷先需治愚，发展的根本是人的教育。一切从培养子女开始。

　　遥远偏僻的山乡翔云，因应中国改革开放伟大事业，获得了改变命运、提升自我价值的支点，人的积极性、创造力得到空前释放。"晋江经验"的逻辑起点不正是如此吗？这些最纯朴地道的闽南人用爱拼敢赢的胆气和勤劳顽强的作风躬耕奋斗，开辟出了摆脱千年贫困的新境地。他们拥有的今天，是中国改革开放最直观的成果、最有说服力的例证！

转型升级争上游（上）

——别样风采集团化

1992年，又是一个春天。 小平同志南方谈话，掀起了新一轮改革开放的大潮。 历经摸爬滚打的泉州民营经济乘势而上，不但在数量上狂飙突进，而且在质量上也跃上新台阶。 规模化和集团化一度成为对标热词。

金鹿集团

1993年6月，福建省金鹿集团在闽南商业名镇洪濑成立，时任福建省省长贾庆林发来贺电。 这家其时拥有1500万注册资本，联合25家企业组成的南安一流企业，是董事长、总经理张华安一手缔造的。

1981年，张华安从部队转业，接手了南安蚊香厂，摆在他面前的是重重困难。 当时的福建省有大大小小的蚊香厂数百家，市场竞争十分激烈，而南安

泉州民企集团化先行者——金鹿集团

蚊香厂的家底十分薄弱，借用原电木制品厂的破房子开张，不但没有资金，还欠了一笔债。所有家当就是"一台机器两把钳，十八名工人一间房"。张华安知难而进，勇挑重担，把妻子积攒的 2000 元"私房钱"献出来，决心在绝境中杀出一条生路。于是，他紧张搜寻信息，刻苦学习钻研，终于研制出高效无毒的"金鹿"牌高级蚊香。为打开市场，他常常跟着别人到各地跑展销会，没钱住酒店，就蹭同乡好友混进酒店，别人睡床他睡地板。没有正式的展位，张华安就在烈日炎炎下摆地摊。1982 年，在郑州全国日杂商品交易会上，"金鹿"初出茅庐无人问津。彻夜失眠的张华安急出了"灵感"，他奋笔疾书一张张奇特的广告："质优不怕比，价格最优惠，初购何须多，愿君试一试。"在户外众目睽睽之下，张华安蹲着当梯子，由他的伙伴踩着他的肩膀把广告贴上高墙。"金鹿"首战告捷，张华安拿下了 4 万多元的订单,从此打开了销路。

为了巩固胜利成果,张华安经过大量市场调查,又作出投入巨资,引进日本电蚊香片自动制造机的决定。 又是一炮打响。 1990年,"金鹿"牌电蚊香参加全国同类产品质量检测,荣膺第一名。 1992年,南安蚊香总厂实现了又一个历史性跨越,在菲律宾宿务市创办了华声蚊香厂,成为泉州市企业赴国外办厂的先行者。 经过四十多年的不懈努力,金鹿集团在深耕家庭卫生清洁用品的领域里枝繁叶茂,正在向打造"中国消杀第一品牌"新战略目标阔步迈进。

三利源集团

约莫在1994年的某一天,笔者参加泉州市委统战部召开的一个会议。 散会时,有个着西装的中年汉子拍了拍我的肩膀,问道:"你还认识我吗?"我一时愣住,他说了句:"我们当年在大田上京公社见过面……"我立刻回忆起来了,眼前这个西装汉子,是当年上京公社干部宿舍楼施工的"包工头",在公社书记的办公室里曾见过他,那时他穿的是军常服。由于都是泉州老乡,我们一交谈就显得亲切。

西装汉子递给我名片,我知道了他的大名和身份:曾贤明,福建三利源集团公司总裁。 真是"士别三日，当刮目相看"，当年那个在大田山区讨生活、见面就散香烟的小"包工头"，现在已经是惠安县鼎鼎有名的企业家了。他是怎样实现这个华丽转身呢？我留意收集一些报道，梳理出了粗略脉络。

曾贤明是惠安县涂寨的一个地道农家子弟，童年时家境贫困，一日三餐吃地瓜渣。长大后获机会参军，当了 8 年报务员。军营生活造就了他的多才多艺：获得全师步枪射击第二名，立过三等功，会摄影，会美术，还喜欢阅读经典名著，甚至啃过《资本论》。退伍返乡后，他开始艰难而曲折的创业道路。他天天面对家乡的石头山，深感中国蕴藏量巨大的花岗岩的开发前景无限广阔，但花岗岩加工用具中的磨头却都是洋货，价格昂贵。这让他耿耿于怀，下决心要生产出可与洋货匹敌的中国花岗岩磨头。

于是，曾贤明想方设法收集研制磨头的资料，四处奔波请教专家学者，走南闯北参观学习。1987年，他与人合作成立了惠安县三利源磨具厂。然而出师不利，3 位合作者分道扬镳了。曾贤明没有灰心和退缩，继续充满热情地投入紧张的研制工作。在有关科研单位的指导帮助下，"三利源"磨具产品终于脱颖而出，获评福建省首届"火炬杯"高新技术产品展览会优秀奖，产品畅销国内 20 多个省市和东南亚、日本等地。1993 年，曾贤明在厦门成立三利源集团（厦门）实业有限公司。公司集科、工、贸为一体，研制、生产高科技新石材加工系列磨具，资产 3500 多万元。 曾贤明获得"中国磨头第一人"美称。

佳美集团

位于闽中戴云山核心地带的德化县，地理位置之偏僻致使其在经济发展上与沿海存在巨大落差。 但说来难以置信，在 1993 年，当泉州多数民营企业还处于发展起步阶段时，这里却崛起了一艘"航空母舰"。 由本土农民出身的苏尧棠创立的佳美集团诞生了。 集团拥有进出口经营权，涉足彩印包装、贸易、仓储、运输等行业，实现产品开发设计出口创汇一条龙服务，成为瓷都德化规模最大、业绩最为突出的陶瓷企业。

同样让人难以想象，这个瓷都的"航母"级企业，是从一个负债累累的村办小企业发展起来的。1985 年，苏尧棠在一个曾帮助过他的村领导劝说下，承包了村里一家濒临倒闭的村办企业——宝美瓷厂。 该厂于 1963 年创立，由于种种原因，直到 1985 年固定资产仍只有 23.7 万元，债务则高达上百万。经过一番深思熟虑，他提出实行厂长承包制，并向上级提出"三权合一"：要把企业人、财、物的权力都交给他。 此外，苏尧棠还在承包协议加上这样一条：企业盈利了他不要一分钱，亏了他一个人赔。

员工积极性被迅速地调动起来了，企业产值连年翻番，亏损局面得以扭转。 几年下来，苏尧棠管理下的该厂盈利 2000 多万。

多年在企业打拼操劳，苏尧棠渐感疲惫并心生去意，他表示不想再承包宝美瓷厂，2000 多万的盈利他分文也不带走。 但职工们却深感企业继续发展离不开苏尧棠，于是竭力挽留。 又是那个曾经帮助过他的村领导出面来做工作，他终于答应留下。

1992 年，乘着小平"南巡"东风，苏尧棠非常兴奋地放手干了。 他组建了德化县第一家股份公司——佳美瓷厂。 随即，他又深入思考新的问题：怎样才能让良好的发展势头延续下去？ 又该如何做大企业？

他认为，对于佳美这种外向型企业来说，关键是要有自营进出口权。 一位省领导恰巧到佳美考察。 苏尧棠乘机提出"想拥有自营进出口权"的要求。 不久后，根据省领导的指示，省乡镇企业局、经贸委、外经贸委等部门组织了一个联合小组到德化考察。1993 年年底，经外经贸部审批，佳美获得自营进出口权。 此后，苏尧棠迅速将触角伸向其他行业，实施多元化战略，经营业务也由陶瓷扩大到包装、运输、外贸等多个领域。 一家大型企业在瓷都崛起了。

转型升级争上游（中）

——迭出妙招打品牌

　　前行的道路不会总是高歌猛进。 一场来势凶猛的东南亚金融危机，让"爆发性"野蛮生长的泉州民企在遭受巨大冲击中，放缓脚步，也增加了发展理性。 进入新世纪，中国"入世"为泉州民企走向世界、加快转型升级开辟了新通道。 创立自主品牌成为越来越多成长型企业的共识，借助央视等大媒体推出企业品牌形象广告，一度成为"荧屏泉州"的亮丽风景。 练好发展内功，在市场经济大风大浪的洗礼中，泉州民企的骨骼肌体更加强健，成为撑起泉州经济总量全省老大的顶梁柱。

七匹狼

　　1990 年代末及其后颇长一个时期，"七匹狼"男装是在各种广告上频频亮相、备受消费者青睐的"宠儿"。

其品牌与广告词成了影响一个时代的经典教案。

1985 年 2 月，周少雄、周少明联合出资创办了晋江金井劳务侨乡服装工艺厂。随着企业规模的扩张，1990 年，周氏兄弟邀集七个同样怀揣理想与激情的年轻人联手创办了七匹狼公司。之所以取名"七匹狼"，乃是因为当时有部台湾电影《七匹狼》风靡两岸，故借用其名。又因"狼"与闽南方言"人"谐音，也寓意七个创业合伙人要像狼群一样充满野性去拼搏。

1990 年代末，台湾歌星齐秦的一曲《来自北方的狼》火遍全国大街小巷，这又给周氏兄弟带来了灵感，他们聘请齐秦作为品牌代言人，以夹克作为卖点，进军中国男装市场。此后数年，七匹狼推出若干款创新产品，在当时皆一炮走红。七匹狼夹克成为中国男装"第一"潮牌。

2004 年，七匹狼在深圳交易所成功上市，成为中国男装企业第一家上市的公司。

安　踏

如今雄踞中国运动品牌榜首的安踏，在 1990 年代的大部分时间里还很不起眼。1999 年因为第二代掌门人丁世忠的一个富有远见的果断举措，推动了安踏如大鹏展翅，一飞冲天！

1991年，在北京闯荡多年的丁世忠发现了一个普遍的现象：许多国外进口的鞋子品牌质量并不是很好，甚至还没有国内的鞋子质量高，但价格却高出不少。 于是丁世忠决心创建一个属于自己的国产品牌，开设一家属于自己的公司。 说干就干，他注册了商标为"安踏"的鞋厂。"安踏"意味"安安心心做鞋，踏踏实实发展"。 强烈的民族自尊心和责任感，让他坚定"不做中国的耐克，要做世界的安踏"的宏愿。 随着电视走进千家万户，借助电视广告打响品牌成为最重要的营销利器。 1999年之后，晋江运动品牌在央视和一些地方台的广告蜂拥而起。 他们纷纷请来奥运冠军做代言人，借力名人效应迅速扩大影响力。 丁世忠独具慧眼，砸下80万重金请来孔令辉为安踏代言，显得道高一丈：孔令辉不但获得了奥运冠军，而且后来还成为涌现许多奥运冠军的中国女子乒乓球队的教练。 据说这笔广告费占了安踏当年度利润的一半，但丁世忠却毫不手软，坚信"物有所值"。 果不其然，"冠军"一亮相央视就大放异彩，安踏的知名度、美誉度和市场回报率都成几何级数增长。 丁世忠缔造了中国运动品牌的一个神话。

2007年，安踏在香港联交所（代码：2020）挂牌上市，融资超过35亿港元，创造了中国体育用品行业市盈率及融资金额的最高纪录。

利　郎

如果说，七匹狼、安踏都是掌舵人未雨绸缪、主动求变而使品牌大放异彩的典范，而利郎则是身处困境中放胆一搏、绝处逢生的品牌佳话。

利郎（福建）服装有限公司由王冬星、王良星、王聪星三兄弟成立于 1990 年，此后几年是利郎发展的黄金阶段。利郎公司紧紧抓住机遇，从香港引入资金和设备，在产品的款式、面料上独树一帜，迅速打开市场。在一个仅仅 40 平方米的展厅里，利郎曾经创造一天销售额达 20 万元的成绩，很多种类产品都供不应求，批发商需要排队才能订货，有的产品甚至不用包装，直接被批发商运走。

然而尚属粗放式经营的方式很快就带来了负面影响。从 1996 年开始，利郎的利润出现了快速下滑。此后 3 年，因为利润严重下滑，产品严重积压，企业已经无法正常运转，当时甚至有了转产之念。通过市场调查发现，利郎服装在福建的知名度虽然很高，但没有美誉度，同时服装产品的同质化程度越来越高，利郎产品的款式、面料上的优势逐渐不明显也成为其开始产生滑坡的原因之一。与此同时，很多服装企业已经越来越注重品牌效应，开始进行品牌建设。

经过连续几年对渠道、产品定位、品牌定位的摸索与思考后，2000 年，利郎终于确定了"商务休闲男装"的细分市场。 沿袭晋江多数企业的创牌途径，利郎也采取重金聘请明星代言的套路。 所不同的是，它是谋定而后动、富贵险中求。 从 2001 年上半年开始，利郎为此一直研究了半年时间，才决定请陈道明做代言人。 根据研究表明，陈道明与利郎产品简单、大气、有品位的风格定位比较一致。 如此避免了很多企业在选择品牌代言人上的盲目性。 但请动陈道明这位国内影视界一线的大明星价格高昂，利润已经严重下滑的利郎，还是决然在绝境中发起逆袭。 从 2002 年开始聘请陈道明为利郎品牌代言人，此后连续合作了十余年。

2004 年 2 月，在服装行业广告投放的"淡季"，利郎商务男装的形象广告在中央电视台招标时段出现，陈道明把利郎"商务休闲"的概念演绎得淋漓尽致，让更多的消费者开始认识利郎男装。 通过 2004 年一季度在央视招标时段的广告投放，利郎的 2、3 月的产品销售收入实现了同比 3 倍以上的增长，专卖店数量猛增，平均每月新开专卖店 80 家左右，全国专卖店数量已经达到 1000 家以上。 在陈道明代言利郎之后的三年里，销售额翻了十倍，给利郎带来了丰厚的市场回报。

2009 年，利郎登陆港交所，成为首个在香港上市的男装品牌。

转型升级争上游（下）
——科技助强竞争力

野蛮生长、遍地开花的民营企业在市场经济大浪淘沙的洗礼中，"小舢板"如何变成"大军舰"？"乌鸡"如何变成"彩凤凰"？ 依靠科技进步成为一批企业脱颖而出、竞争制胜的利器，它们以宝贵的实践经验为泉州产业结构优化、转型升级提供了有益启迪。

安踏："以科技赢未来"

2009 年 5 月 9 日，时任国务院总理温家宝视察安踏公司，首先参观了该公司设立的国内首家运动科学实验室。 当听到去年安踏科研投入已占销售额的 3％以上，且该实验室已拥有 40 多项国家专利时，温家宝予以肯定。

经过 20 世纪 90 年代的摸爬滚打，进入新世纪的安踏主动向技术密集型转型，以科技赢未来。 2000

年初，安踏在北京、上海、美国建立设计中心，以更好地满足消费者因城市背景、生活习惯不同而产生的差异化需求。 2005 年，安踏全面进行科技研发建设，投入 3000 多万巨资创建了中国第一家运动科学实验室，并成为第一家拥有独立地开展运动生物力学、运动医学、运动生理学等在运动产品上的应用研究的国内运动品牌公司。 因为前行之路获得了"科技神力"加持，安踏在国内体育品牌中保持了极大领先优势。

在安踏展厅里，温家宝总理看到众多采用大量新科技、新工艺和新材料生产出的运动鞋，深有感触地说，劳动密集型企业也可以是科技密集型的。 安踏成功地从劳动密集型企业转化为技术密集型企业，为"中国制造"升级为"中国创造"探索了一条道路。

英良石材："精美的石头会唱歌"

南安水头一带的石材企业星罗棋布，起步后长期处于粗放型生产经营状态，粉尘弥漫、噪声震耳、废水横流，成为环境保护必须面对的严峻问题。 推进转型升级、提高环保质量一直成为地方政府的重头工作。

英良石材的引进落地，为南安石材企业的转型升级带来了强劲的风力。 英良集团成立于 1999 年，是一家大型综合性集团企业，业务涉及矿山开采、石材加工及销售、工程装饰、房地产开发及物业管理、企业投融资、艺术品收藏、文化及传媒产品开发等诸多领域。 2002 年，英良掌舵人刘良从贸易转向了实体企业，将商业版图布局到了"中国石都"水头镇。

2008 年，在全球经济危机冲击下，刘良深感只掌握产业链上游加工的生产商们逐渐丧失了话语权，决定集中精力打造高端石材品牌"五号仓库"，引领石材产品乃至行业的"升值"。 正是这个集艺术陈列、板材销售、奢华体验馆于一身的五号仓库，让英良快速打响了品牌。"将文化产业与传统实体对接融合，以智造升级把握未来方向。"来自孔孟之乡的刘良就学于厦门大学生物系，良好的学养使他善于创新思维模式，向全新领域开拓。 继投入重金打造"五号仓库"石材品牌后，又倾巨资创建英良石材自然历史博物馆。 英良与厦大人类学教授张先清博导及其团队建立了合作关系，通过多渠道的跨界合作，用开放的思维为石材界、为中国的博物馆发展带来不一样的体验，让每位来看过的人真正从心底里接受、了解甚至爱上石头。

"精美的石头会唱歌"。 走进坐落在水头的英良石材自然历史博物馆，每个观众内心都会发出这样的共鸣。 这也是刘良诠释传统企业转型升级的形象注脚。 在刘良看来，其间的"智造之路"应该分为五个递进式版本概念来完成。 1.0 初级版本是企业初步形象概念，告诉人家你是生产什么的；2.0 版本则是产品工艺概念，开始重视产品的质量命门；3.0 版本则是设计概念，开始重视产品的外观设计；4.0 版本是重视打造品牌文化内核，关注工业设计重要性；5.0 版本便是建立在产品之上的文化价值提升。 英良石材自然历史博物馆集中体现了"文化为核，引领石材产品价值提升"的宝贵探索。

火炬电子：航天科技的国标制定者

2015 年登陆上海证券交易所的福建火炬电子科技股份有限公司，是在泉州市一路成长起来的高新技术企业。 它是国内电容领域赫赫有名的领军企业，为中国航空航天和新材料产业的发展作出了卓越贡献。

火炬电子的创始人蔡明通高中毕业后，曾在泉州一家中学任教，后来辞职下海，受雇于某电子厂。1982 年，他在泉州创办了鲤城火炬电子元件厂。1989 年，福建火炬电子科技股份有限公司正式成立。 在很长的一段时期内，公司生产市场上很常见且需求量较大的电容元件，但因为技术含量不高，公司差点面临倒闭。

在几番深思后，蔡明通最后坚定地选择了放弃消费类电子电容产品市场竞争，专注于高端陶瓷电容产品的生产研发。他认为，只要我能做出高端电容，那我就是唯一的供货商，我就掌握了话语权、定价权。

泉州市高新企业领头雁——火炬电子

2000 年，火炬电子的转型计划正式启动。重金添置的设备陆续到位，并向全国招募高端研发人才投入新产品的研发。在生产管控上，从材料进厂到生产，再到检验，每一道程序都严格把控，容不得半点瑕疵。历时三四年的改造革新，火炬电子拿到了高端电容产品涉及的整套认证，包括军工资质。其后，公司积极探索多种渠道自主创新研发模式，形成了从产品设计、材料开发到生产工艺的一系列陶瓷电容器制造的核心技术。公司参与起草修订的国家标准 4 项先后获得批准并颁布，2008 年还与中国电子技术标准化研究所签订了技术服务合同——修订宇航级多层瓷介固定电容器详细规范 18 份，为行业的技术发展升级做出了极大的贡献。

南方路机：壮年功夫老始成

在泉州，福建南方路面机械有限公司（简称南方路机）是一个颇具传奇色彩的企业。其传奇性，一方面体现在创始人方庆熙的履历。方庆熙曾当过知青，在体制内的国企任过经理。90 年代中期，人到中年下海的他，经过几十年摸爬滚打，以老爷子级高龄将企业带成中国工程搅拌行业领军者，本人也被业内尊为中国搅拌机设备领域的"教父级"人物。另一方面，方庆熙最为业界称道的是，他是个对技术近乎痴狂的牛人，在研发上投入惊人，从不计较一时的得失。在长期的经营中，方庆熙认为，技术创新是企业发展的不竭动力。因此，南方路机一直拒绝拼价格战的恶性竞争，专注于在产品品质的提升。南方路机在方庆熙的带领下，牢固形成了"做专、做精、做好、做久"的企业经营理念。

南方路机长年生产搅拌设备，发现如果没有好的砂石，搅拌站做得再好也发挥不了功效。公路、桥梁等工程使用寿命短、开裂等很多问题都是因为砂的缘故。 很多企业研发砂浆设备都是败在细节上。2010 年，南方路机开始进入机制砂设备的研发。 经过与外国先进同行反复磨合，最后南方路机决定与日本寿技研公司合作。 南方路机根据我国石材性能和施工要求，在采集到国内几百种用于生产机制砂的原石后，对制砂装备进行结构优化、建模以及仿真设计，同时将立轴冲击式破碎机和空气筛分的过程智能控制技术进行再创新，使 V7 机制砂生产线完全适应中国市场。 2004 年，南方路机第一套干混砂浆生产线率先出厂，是国内较早一家独立掌握成套工艺、技术的制造厂家，拥有自主知识产权的核心技术，牢牢地占据了国内高端干混砂浆设备用户的市场。 尤其值得一提的是，南方路机机制砂设备中标入选港珠澳大桥项目，为整个机制砂行业树立了一个典范，也成为机制砂行业发展史上的一个里程碑。

2022 年 10 月下旬，南方路机在上交所上市。

春风化雨绽芳华（上）

　　花儿盛放离不开阳光照耀，禾苗生长离不开雨露滋润。民营经济一路爬坡过坎的发展，离不开党的领导和政策的支持引导。几十年间，每逢民营经济发展的紧要节点，各级党委政府都敢于担当、倍加呵护。

　　1999 年宪法修正案确认非公有制经济已经成为社会主义经济制度的一个重要组成部分。

　　2004 年，宪法修正案将保护非公有制经济合法权益和保护私人财产权入宪，为跨入新纪元的民营经济阔步迈进提供了法制保障。同样堪为世纪佳话的是，世纪之交的一个重要阶段，时任福建省主要领导的习近平七下晋江，总结提出"晋江经验"，为引领民营经济健康发展强基固本、增添动能。

　　东方潮涌荡尘埃，万花争艳放异彩。喜看银山拍天浪，开窗放入大江来。

非公人士有"新家"

　　1992 年 11 月的某个夜晚，泉州新汽车站的一座大楼灯火辉煌、人声鼎沸。由泉州市委统战部牵头组织的"泉州名流俱乐部"成立了。名流俱乐部主任、元鸿集团董事长陈庆元发表《想要有个家》的主旨讲话博得阵阵热烈掌声。他抒发了广大非公有制人士的心愿，希望在党和政府的关怀下，加强团结合作，在发展社会主义市场经济的时代潮流中一显身手，为泉州经济建设和社会进步作出新贡献。

　　在泉州民营经济发展史上，泉州名流俱乐部的成立，无疑值得书写一笔。当年初，邓小平同志发表了南方谈话，10 月，中国共产党第十四次全国代表大会召开，确立了邓小平建设有中国特色社会主义理论在全党的指导地位，明确建立社会主义市场经济体制的改革目标。在学习贯彻十四大精神过程中，泉州市委统战部集思广益，根据泉州民营经济比重高、非公有制人士众多的特点，决定成立一个以各县市区非公有制代表人士为主体的社团，按照中央提出的"团结、帮助、教育、引导"八字方针要求，建立一个密切联系团结非公有制代表人士的阵地，提供一个有利于他们与党委政府沟通思想、实现抱负的舞台，通过他们的表率作用，更好地发扬"爱国、敬业、诚信、守法、奉献"的光荣传统。 筹备工作得到市委、市政府的大力支持，市四套班子主要领导应邀出席了成立大会。一段时间内，各级主流媒体对泉州统战部门的工作创新和泉州名流俱乐部的活动都给予热情关注和报道，许多地方的统战部门和工商联也前来学习取经。

应对危机谋良策

1990 年代头几年，泉州的 GDP 突飞猛进，每年都以两位数增长，在省内的排名直线攀升。 然而，来势汹汹的东南亚金融危机，让靠"三来一补"起家、"小、散、弱"占多数的泉州民企笼罩上一片愁云迷雾。 怎么才能正确判断形势、有为应对危机？泉州市政协审时度势，组办高端研讨会解困惑、谋良策、促沟通，这种开启先河的工作创新，给人强烈的思想撼动。 1998 年 6 月初，泉州市政协举办了"东南亚金融形势与泉州经济发展研讨会"。 时任泉州市政协主席傅圆圆认为，举办层次高、针对性强，既有学术深度、又有现实价值的研讨会，是围绕党的中心工作，提高参政议政水平的一个好途径。 研讨会会聚了王春新、吴世农、朱孟楠、陈俊明、何志成、杨宇霆等来自厦门大学、华侨大学、香港金融界的 6

位著名学者专家，他们详细讲述了东南亚金融危机形成的原因、对世界经济和中国经济的影响，对泉州民营企业如何有为应对提出思路和建议，给与会的企业界委员们提供了难得的思想盛宴，普遍感到拓宽了视野，启迪了思考，增强了信心。时任泉州市委书记何立峰参加研讨会并作了讲话，他高度评价了市政协举办研讨会是主动围绕经济工作热点、难点，发挥人才荟萃优势，在新形势下履行职能的一个好做法。

坦率说，其时泉州的"民企一代"大多数是从"农哥"变身为"老板"的，基本上都只有中小学的学历。例如泉州市工商联曾经做过一个调研，从学历结构看，泉州民营企业主中，学历在初中以下占25.3％，高中占51.3％，大专占16.1％，本科以上仅占7.3％。但是在闯荡市场经济的大江大河中，他们领悟到，知识就是力量。没有文化的企业是走不远的。市政协因势利导，不断推进学习型组织建设。在政协这个大学堂里，越来越多企业家委员都乐于学习。他们在闯荡市场中学习闯荡市场，在经营管理中学习经营管理，不断进步和自我超越。越来越多企业家委员频繁在国家和省级媒体出镜，分享企业经营管理经验。一批原来连普通话都说不好的知名企业家脱颖而出、华丽变身，成为泉州民营经济的布道者和"代言人"。他们用真知灼见为泉州民营经济的发展献策支招，产生了不可估量的影响。

春风化雨绽芳华（下）

扶贫济困蔚成风

在泉州大地，民营经济异军突起、蓬勃发展，乐善好施、达济天下的美德亦蔚成风气。 泉州市委、市政协始终坚持把好方向，引导民营经济坚定信念发展社会生产力，践行"共同富裕"的社会主义本质要求，写下了许多可圈可点的"泉州篇章"。

1994 年，全国工商联副主席胡德平到访泉州，在同市政协和统战部领导交谈时提到，由于地理原因和经济发展落后，新疆和田地区百姓的生活用水十分困难，日常饮用融化的雪水存在很多卫生隐患。 时任全国政协主席李瑞环同志高度重视促进解决百姓"吃水难"问题，指示全国工商联发动民营企业参与捐助"和田打井工程"。 李瑞环率先而行，与家人捐建了两口打井款。 胡德平要求泉州能完成捐赠 100口井的任务。 接受任务后，在市委领导的发动下，市政协、市委统战部、市工商联分头行动，企业界、港澳界许多委员积极参与，很快就超额完成了捐款任务，展示了泉州民营企业为国分忧、造福百姓的时代风采，受到全国工商联的高度赞誉。

1990 年代中后期，泉州市委发出"举全市之力攻贫困之坚"的动员令，一场轰轰烈烈的扶贫攻坚"特殊战役"就此打响。泉州市政协紧贴市委部署，发动组织委员们踊跃参与。根据全市的统筹安排，市政协机关挂钩安溪湖头镇的扶贫工作。市政协领导多次实地走访，看望下派干部，并带领市直有关部门现场办公，同当地领导座谈探讨扶贫脱困之策，帮助落实资金和发展项目。一些企业界委员也应邀参加。他们还自加了作业。如有的与贫困户结对，资助其子女上学。有的向贫困户提供生产资料，帮助其提高自食其力的能力。有的同镇里协议，由镇里组织贫困村输出劳动力到他们的企业打工。林树哲、卢温胜、黄达群、颜洪龄等港澳委员们也不甘人后，他们挤出时间，从港澳回到泉州，由市政协主席傅圆圆、秘书长黄利禾、副秘书长陈明泉等领导带队，一路翻山越岭，长途跋涉，考察了安溪偏远的贫困乡白濑。委员们认为立足长远，治贫要治愚，扶贫要从教育入手，他们经过商议，集体捐资为上格村建了一座希望小学。市政协领导和委员们踊跃参与扶贫的义举，受到市委、市政府的赞许。

安溪县还特地勒石纪念。

进入 21 世纪，集体行善、造福桑梓进一步成为泉州民营企业家的共识，踊跃参与慈善事业蔚然成风。2002 年，晋江市创立了全国首家县级民间慈善机构——晋江市慈善总会，仅用四个月时间就筹集了 7460 万元善款，截至 2018 年，共收到善款达 30.22 亿元，其捐赠公益、回馈社会的义举，受到广泛赞誉。

人事有代谢，往来成古今。虽然几十年过去，民营企业家出了一茬又一茬，但热心公益、扶贫济困、先富带后富的好风尚却一直在传承着。

政企互动创乐园

有一段文坛佳话脍炙人口。相传清朝初年，翰林院一帮文人聚在一起聊天，各自夸耀家乡土产，咸称天下一绝而洋洋自得。而苏州籍的汪琬却在一旁不吱声。于是大家转过头来问他，"你们苏州号称'天下名郡'，有什么土产呢？"汪琬沉默片刻后，一本正经地说道："状元也。"一帮文人听罢，顷刻皆面面相觑，继而一哄而散。从此，"苏州土产是状元"的说法名扬天下。

如果说，改革开放以来泉州最大的"土产"是什么？我们也可以自豪地说："老板"。是的，这些通称谓之"老板"的，实际上就是大大小小、不计其数的民营企业主。最早时，他们大多数是挽着裤管上岸的"泥腿子"，而现在，经过几十年的传承、嬗变，随处可见的是身穿西装、休闲装，老中青皆有的"职业化"老板。

泉州之能盛产"老板"，当然可以从许多层面作深刻解读，但在长期政企良性互动中所建构起来的良好生态，无疑是关键性因素。篇幅有限不能赘述，且以"一斑窥全豹"。

邓小平南方谈话后，民营经济掀起大兴办、大投入、大联合的发展高潮，泉州市各级党委政府及时制定策略，力促企业外引内联，组建企业集团，培植规模企业。1996 年，市委、市政府出台进一步加快乡镇企业发展的决定，从 20 个方面提出促进乡镇企业向更高层次发展的措施。

2000 年夏，泉州市组织一个高规格的党政考察团，时任四套班子主要领导刘德章、施永康、薛祖亮、傅圆圆带队，前往国内民营经济走在前列的温州考察。期间考察了温州和台州两市的若干家著名企业，如正泰、德力西、康奈皮鞋、大虎打火机、飞跃缝纫机等温台地区的标杆企业，听取了当地党政领导的经验介绍，受到了很大触动。8 月初，带着温州考察的收获，泉州市召开"思源思进再创新业"专题会议，"再创新业""做大做强"成为引领激励民营经济

发展的高频热词，民营企业界反响热烈，进一步破除
"小富即安、不求进取"的守成心态，积极开拓国内
外市场，在创立自主品牌、建立现代企业制度方面探
索前进。 借鉴温州经验，市委、市政府出台了《关
于争创驰名、著名商标和名牌产品工作的通知》对获
得中国驰名商标企业给予重奖。 于是，晋江等泉州
各地都掀起了"创牌"热潮。 自 2001 年至 2005
年，泉州申报中国名牌、国家免检、福建名牌产品的
企业从 52 家增加到 174 家。 到 2006 年，全市拥有
47 项中国名牌产品，位居全国前列。 与"创牌热"
相映生辉的是，市县两级党委政府对民营企业家"学
习热"的精心引导。 在晋江，民营企业家津津乐道
他们的一圆"北大梦"。 2003 年，由晋江市委市政
府领导带队，恒安、安踏、劲霸、凤竹、浔兴、柒
牌、七匹狼、亲亲股份等规模企业的 48 位负责人前
往北京大学经济学院参加"北京大学（晋江）企业总
裁高级研修班"学习。 12 天的时间里，他们在这所
中国最高殿堂，尽情汲取知识的养料，给饥渴的大脑
充电加油，进一步拓宽了视野，撑大了格局。

2001 年，国家对股票发行制度实施了一系列市
场化改革，为优质民营企业发行上市、充分利用资本
市场创造了有利条件。 泉州市委、市政府抓住机遇
顺势而为，先后出台了《泉州市人民政府关于扶持企
业上市的若干意见》《泉州市人民政府关于利用资本

市场发展经济的意见》，有力引导、推动泉州民企股份制改制和上市进程。从此，民企上市进入"快车道"，安踏、匹克、利郎、七匹狼、三安光电、达利等著名民企纷纷在上交所、深交所、港交所登陆，借力资本市场的加持，企业急速壮大，声名远播，成为泉州民营经济的领航企业。

1996 年至 2002 年，泉州民营经济的领头羊晋江呈现迎风展翅、高歌行进的发展态势。习近平同志在福建工作期间，6 年 7 次深入晋江调研。2002 年，时任福建省省长的习近平从晋江发展的实践中提炼出"晋江经验"，并在《人民日报》刊发署名文章，总结了"晋江经验"对福建经济发展的六个启示，以及要处理好的五大关系，对区域经济发展的取向、动力、支撑、保障等提出明确要求，成为引领泉州和福建经济社会全面发展、深化改革开放的强大动力。耐人寻味的是，习近平还特别指出："晋江的经验充分说明，在发展市场经济中，各级政府只有通过及时引导、优质服务和辅以有效管理，做到既不越位，又不缺位、错位或不到位，才能履行好领导经济工作的历史责任"，其中实际上蕴含了构建亲清政商关系的基本内容，乃是构建亲清新型政商关系这一重要论述的理论源头。历史昭示人们，民营经济有功于国于民，民营经济强则国家强。泉州这块民营经济发展热土的现实图景就是最生动鲜活的明证。

历史奏响新乐章。进入新时代的泉州民营经济，以更加强壮的身躯和坚韧的力道，托举泉州领跑福建 GDP，担当福建高质量发展超越排头兵。巨轮浩歌行进，再立新功。

然而，晴朗的天空有时也会飘来几朵乌云，刮来几股寒风。受传统思想观念的束缚，有人提出所谓"民营经济离场论"，社会上一些自媒体别有用心地对民营经济进行贬损和丑化，这些都对民营企业的发展信心产生很大的冲击。作为民营经济重镇泉州也被一时风吹草动所困扰。

第五篇 踔厉奋进

驱雾扫霾，把舵定向。 党的十九大把"两个毫不动摇"写入新时代坚持和发展中国特色社会主义的基本方略。 在历史发展的重要节点，习近平总书记再次强调，非公有制经济在我国经济社会发展中的地位和作用没有变！ 我们毫不动摇鼓励、支持、引导非公有制经济发展的方针政策没有变！ 我们致力于为非公有制经济发展营造良好环境和提供更多机会的方针政策没有变。 强基固本、本固邦宁。 进入新时代的民营经济，已经成为稳定经济的重要基础、国家税收的重要来源、技术创新的重要主体、金融发展的重要依托、经济持续发展的重要力量。 在党中央制定的"两个一百年"奋斗目标中，民营经济在国家发展的战略中，将发挥更加重要的作用。 鉴此，具有里程碑意义的中共二十大郑重重申，毫不动摇巩固和发展公有制经济，毫不动摇鼓励、支持、引导非公有制经济发展。

潮平两岸阔，风正一帆悬。 乘着二十大浩荡东风，历经风雨洗礼枝繁根壮的泉州民营经济，必将踔厉奋发，再创辉煌。

2023 年春节期间,泉州民营经济研究院隆重成立,这是国内首家地级市"公办民营"的专门研究机构

老牌龙头根犹壮

改革开放初期，经商办企业的"万元户"已经是令人称羡的成功人士。而随着社会主义市场经济体制的确立和发展，泉州这片拥有千年商脉传承的民营经济热土，营收达"百万级""千万级""亿元级"的企业呈阶梯式出现。在进入新世纪后的第一个十年，一些"百亿级"企业横空出世，标志着民营经济从量变到质变的巨大飞跃。更值得称道的是，许多"百亿级"的企业，都有三十多年的发展史，它们为打破中国民营企业生命周期短暂的"魔咒"提供了极其宝贵的研究价值。

安　踏

成立 30 多年的安踏集团，是目前泉州排名最靠前的民营企业，2021 年实现营收 493.3 亿元，连续十年居我国本土体育用品企业第一，已经从一家传统的民营企业转型成为具有现代化治理结构和国际竞争能力的公众公司。

2007年7月10日，安踏体育在香港联交所挂牌上市，融资超过35亿港元，创造了中国体育用品行业市盈率及融资金额最高纪录。此举标志着安踏在资本市场助力下，朝着"百亿级"企业阔步迈进的开端。此后数年安踏迭出大手笔。一是于2009年收购国际知名时尚运动品牌FILA，迈出了开启多品牌运营战略、打造多品牌运营集团的第一步。二是2009年6月与中国奥委会达成战略合作协议，成为2009—2012年中国奥委会体育服装的合作伙伴，为中国体育团参加2010年温哥华冬奥会、2010年广州亚运会以及2012年伦敦奥运会等11项重大国际赛事提供冠军装备。尤其惊艳世人的是，2012年伦敦奥运会上，夺取奖牌的中国奥运健儿，就是身穿安踏精心打造的"冠军龙服"领奖服，通过电视转播，被亿万中国消费者所熟悉。三是于2019年成为国际奥委会官方体育服装供应商。四是布局"白色经济"再攀高峰。2014年8月，安踏率先签约成为2022年冬奥会申办委员会合作伙伴。在温哥华冬奥会和索契冬奥会上，安踏为中国冰雪健儿打造的"冠军龙服"和比赛装备，在赛场上展示了中国冰雪运动的魅力。特别值得一书的是，2017年1月23日，习近平总书记身着安踏运动服到2022年冬奥会举办地之一崇礼视察，不仅给中国的冰雪运动市场注入了一剂强心剂，也令安踏无比自豪和荣光，极大提振了打造中国体育用品第一民族品牌的信心。

十多年来实施的"单聚焦、多品牌、全渠道"发展战略，推动安踏站上了行业制高点。

达 利

福建惠安达利食品有限公司创立于 1992 年，经过 30 多年的发展，曾经非常不起眼的一个县域小食品厂，华丽晋阶中国食品企业第一方阵。 2015 年 11 月 20 日，集团于香港联交所主板挂牌，掌门人许世辉多年跻身福建首富。

许世辉出身贫寒，文化程度不高，20 岁出头进入惠安一家民政系统办的小食品厂打工，但他没有灰心气馁，而是在岗位上兢兢业业，奋发有为，几年后就成为工厂中的领头人物，大家都对他十分信服。后来因形势发展需要，食品厂进行了改制，许世辉出任新创建的达利食品公司的董事长。 30 多年间，达利食品集团从小企业成长为业界"巨无霸"，在全国 18 个省区建立 21 家子公司共 36 个食品、饮料生产基地，1 个马铃薯全粉生产基地，1 家包装彩印公司，同时，集团构建享誉业界的黄金销售渠道，组成了覆盖全国的营销网络。

达利成长史堪称泉州草根型企业家谱写的史诗级传奇。其间有几个特色足可点赞。一是大胆改革"大锅饭"遗留的弊端。达利脱胎于原集体所有制企业，集体所有制企业一般是由大家自愿根据互惠互利的原则联合在一起的，所以大家认为工作应该是所有人一起干，自己干多干少工资都是一样的，所以不愿意付出更多。作为原厂长的许世辉深知厂里存在的这种无法调动员工积极性的问题，在他收购工厂的第一天，就将食品厂转变成了私有制企业，明晰了产权关系，这样一来他与之前的员工就形成了稳定的雇佣关系，并且根据生产资料进行分配，多劳多得，员工们的积极性自然就变得高涨起来。二是采取稳健的"跟跑"策略。复制市场上已经得到验证的明星产品，降低出错的概率；采用低价包抄对明星产品进行颠覆。几十年间把这两招用到了极致。三是坚持生产技术革新。集团建立产品研发中心，组建强大的研发团队，与国内外众多食品行业研究机构密切合作，不断提升产品品质，开发消费者喜爱的新产品。对创新的持续投入为集团把握消费趋势、引领行业发展方向提供强有力的保障。

以港交所上市为新起点，达利食品集团正全力将企业打造成综合性、国际化的现代企业，继续保持和巩固在行业中的优势地位。

恒 安

恒安是泉州民营企业的常青树，更是一面长期引为荣耀的旗帜。习近平同志在福建工作期间，七下晋江调研，就有三次来到恒安。

恒安近四十年的发展历程，足可写就一部皇皇巨著。但在笔者看来，其三次主动变革和借助国际著名咨询机构的重大举措，在泉州民营经济发展史上，无疑具有振聋发聩的经典意义。

2001 年开启首次管理变革，推动恒安迈向现代化管理。当名噪一时的著名国际管理咨询公司麦肯锡在对福建企业实达的管理改革推动中失败，让该企业分崩离析后，人们对引进"洋顾问""洋管理"广泛质疑。然而恒安集团力排众议，坚持邀请国际著名的咨询机构汤姆斯公司为恒安提供咨询服务。按照汤姆斯的报价，三年的咨询费是 965 万美元，这在当时是天文数字，加上内部配套费用，三年变革需要花费 1.5 亿元，接近恒安 2000 年一年的利润总和。但恒安显然眼高一筹，他们接受了报价，还自觉地配合汤姆斯公司的"解决方案"，在恒安推行"全周期时间管理模式"。看似简单的做法，却让恒安发生了根本性的变化。整个管理团队通过实践周期的管理，人的素质、理念、知识提升了一大截。 对恒安而言，这笔咨询费带来的不仅是长期的可持续的效益增长，更让恒安团队脱胎换骨。

2008 年，恒安居安思危，未雨绸缪，开启了第二次管理变革，提出企业发展突破百亿元的五年目标。此次恒安请来世界知名的咨询公司——博斯公司，围绕战略规划、架构调整、供应链和绩效管理四个领域进行变革。 在更加先进的管理制度指引下，2009年，企业仅用两年时间就实现了百亿元的目标。

21 世纪头十年进行的两次变革，让恒安实现了跨越式发展，经营业绩增长 16.5 倍，净利润增长17.7 倍。 业绩增长能力、盈利能力、税前利润率三大指标均位居全球同行业前茅。 2014 年，在严峻的经济形势下，恒安着手推行第三轮管理变革，以供应链为切入口，从设计端到运营平台，打造大数据产业模式，搭建信息化平台，实现供应链的整合和信息化的集成。 最终，变革通过管理流程的透明可视，打通生产、运营、销售等环节，让整个供应链高效运转。

变革，创新，永不止步。 恒安富有远见的战略举措，使之勇立潮头，基业长青。

跨域兴业盛名扬

有道是"泉州人，个个猛"。遍观泉州民营企业界，不但本土"猛人""牛人"迭出，而且闯荡域外者也不乏"大拿""大咖"。他们构成新时代泉州的一道靓丽人文风景，使曾经的"世界海洋商贸中心"再绽风采平添了底气。

信义玻璃

信义集团（玻璃）有限公司创办于 1989 年。经过 30 多年的发展，昔日的一人公司如今成为全球第三大"玻璃王国"，集团掌门人李贤义被誉为"玻璃大王"。

李贤义 1952 年出生于石狮永宁镇子英村的一个普通家庭。因生活所迫，他 15 岁就辍学走入社会打拼谋生。尽管干着繁重的体力劳动，在温饱线上挣扎，但李贤义内心深处始终没有屈服于命运，反而激起改变贫困状况的斗志。 为此，他拉上几个朋友、兄弟组建了货运车队，驾驶拖拉机往返福建和深圳之间拉货送货。 在积累了丰富的社会经验后，他获得了赴香港"闯世界"的机会。 很快，他开办了一家小型汽修汽配店，只雇用了一名员工，自己则既当老板又当雇员。 改革开放之初，李贤义敏锐地看到与香港比邻的深圳具有无限商机，随即到这座新起步的经济特区新办汽车修理厂，几年后又在深圳龙岗创办了信义玻璃有限公司。

李贤义之决定从汽修汽配转到生产汽车玻璃，出于一种质朴的愿望，中国大陆能自己生产汽车玻璃，打破日本和台湾地区对大陆市场汽车玻璃的垄断。在香港汽修厂工作期间，李贤义结识了大量海外汽车制造商与供应商。 同时，为了获得更加先进的玻璃生产技术，李贤义投入大量资金，从国外购买先进设备，带领员工到海外进行学习。 依托这些优势，信义玻璃在短短几年之间，就打通了美国、加拿大、澳大利亚、欧洲等100多个国家和地区的海外汽车维修配件公司市场。 2001年，信义玻璃生产的汽车玻璃，实现了70％以上的出口。 2005年，信义玻璃成功上市。

在信义玻璃发展史上，打赢对美国和加拿大的反倾销官司堪称中国企业入世后胜利维权的经典之作。2001年，美国官方机构以信义集团等中国玻璃企业倾销产品为由，向其征收最高达 124％的关税。 面对美国不公正的处理态度，李贤义决定力争到底。他高薪聘用知名律师，积极准备应诉材料。 经过 7 年不屈不挠的斗智斗勇，这场官司最终取得了圆满的胜利。 信义成为第一家赢得反倾销官司的中国玻璃企业。

在李贤义的领航下，信义集团立足中国大陆的企业版图不断拓展，形成了实力强大的"信义系"，旗下拥有信义光能、信义能源、信义储电等四家上市公司，总市值目前接近 2400 亿港元。 其中，信义玻璃和信义光能分别为浮法玻璃和光伏玻璃领域的全球翘楚。

世茂地产

在中国房地产业狂飙突进的年代，世茂房地产是业界举足轻重的存在，不但长期位列前茅，而且其推出的高端楼盘和酒店，常常惊艳市场。 董事长许荣茂则被各种财富榜单列为中国的顶级富豪。

许荣茂生于 1950 年，祖籍晋江（今属于石狮），1960 年代末从石狮华侨中学毕业后，选择从事中医工作。 1981 年，许荣茂移居香港，在经历一段行医工作后，他敏锐地抓住香港证券业迅猛发展这一难得机遇，当上了一家证券公司的经纪人。 他在股票市场的投资取得巨大成功，为自己事业发展积累了财富基础。 1980 年代末，受中国改革开放不断推进的感召，许荣茂开始回内地投资实业。 1989 年，许荣茂正式进军地产界，出巨资在家乡进行了一系列项目开发。 其中包括振狮大酒店、振狮经济开发区，与籍贯石狮的著名港商杨孙西、卢文端合资开发占地 6000 亩的"闽南黄金海岸度假村"，一举成为石狮当地最大的地产商。

1990 年代中期，许荣茂开始转战北京房地产市场，投资开发了高档外销公寓紫竹花园、亚运花园、华澳中心、御景园等等。 2000 年，许荣茂再一次敏锐地预见中国加入 WTO 势在必得，上海作为中国经济中心的地位将更加突出，将成为具有广泛影响力的国际大都会。 因此许荣茂把自己进军上海的定位放在做高档房地产。 首站之作是在浦东黄浦江沿岸建造世茂滨江花园，开创了"滨江模式"，取得了巨大轰动效应。

此后，世茂房地产以上海为核心，布局全国，不断向长三角和内陆大中城市拓展，有力推动了各地城镇化进程。 经过三十多年的发展，世茂集团已成为一家国际化、综合性的大型投资集团，旗下拥有三家在上海和香港上市的公司，涉及地产、商业运营、物业管理、酒店经营、文化娱乐、金融、教育、健康、高科技等产业领域。

三安光电

三安光电股份有限公司成立于 2000 年 11 月，坐落于碧波荡漾的美丽鹭岛。 它是国内成立最早、规模最大、品质最好的全色系超高亮度 LED 外延及芯片产业化生产基地，2008 年 7 月在上海证券交易所挂牌上市，其创办人林秀成多年位居福布斯富豪榜厦门首富。

林秀成，1955 年出生，安溪湖头人。 改革开放初期，为改变贫困家境，农民身份的林秀成不甘困守于安溪山区的一亩三分地，走出湖头来到三明，与三明钢铁厂打上了交道，做起废钢铁边角料的钢材贸易，获得了巨大利润。 在拥有雄厚资本之后，林秀成在三明钢铁厂支持下，与三钢合资成立了三安集团，在家乡湖头镇建起三安钢铁厂。 在林秀成的带领下，三安集团生产规模迅速扩大，成为省内名列前茅的钢铁企业。

在应对东南亚金融危机和一轮轮的环保检查中，林秀成深入思考和积极推动三安集团向高科技产业的方向转型升级。 1999 年 10 月，他参加了第一届中国国际高交会，在会场了解到了四个高科技新项目，其中 LED 照明耗能小、使用寿命长而技术资金投入小，前景最为广阔。林秀成当即决定转型做 LED。2000 年 9 月，三安集团、国家信息产业部电子第十三研究所和厦门市开元国有资产投资有限公司签订《合资设立厦门三安电子有限公司合同书》，成立厦门三安电子有限公司。

转型之路充满艰难。在没技术、没设备、没人才的条件下，林秀成不惜重金从国外引进人才技术。经过多年持续不懈地投入资金，终于做出了品质达标又能盈利的新产品。

为了保证 LED 产业有稳定的资金供应，林秀成巧妙地进军资本市场，拿下 ST 天颐近半的股份成为大股东，然后由 ST 天颐向三安光电注资，最终顺利地让三安光电以最低的成本借壳上市。

在林秀成多年苦心经营下，三安光电成为中国大陆 LED 业界的龙头老大，拥有国内国际一流水平的光电子化产业基地，在光电技术研发和产业领域起到重要作用。该公司研发的太阳能电池已实现在国家卫星上的全面利用，打破了西方国家对该项技术的垄断。

顺美集团

德化是中国陶瓷出口的重要产区，陶瓷产品销往世界 190 多个国家地区，陶瓷产品出口比例位居全国第一，是全国最大的陶瓷工艺品生产和出口基地。2015 年，享有"中国瓷都"美誉的德化更上一层楼，被联合国教科文组织世界手工艺理事会评选为全球首个"世界陶瓷之都"。

在德化企业走向世界的行列里，顺美集团无疑是最亮眼的领军者。随着陶瓷出口的大发展，"订单经济"的缺陷也暴露出来。由于终端销售市场受外国人控制，产品依靠来样加工，企业生产自由度不高。有鉴于此，2001 年，德化顺德盛陶瓷有限公司在德国哈根申请注册"顺美集团（德国）有限公司"，并在德国建立专卖店和贸易中转站，形成辐射欧洲市场的商贸网；同时，布局研发、销售两端在欧洲，与高层次的同业进行竞争、合作。因此，以顺美为品牌的陶瓷产品不到两年就占领了欧洲 10％的市场。

在顺美集团的示范效应下，德化陶瓷企业纷纷走出国门，到国外设立研发中心或办厂，在国外开设陶瓷品牌专卖店，实现产品连锁经营，逐步实现从产品经营向品牌经营转变，以促进陶瓷产业走向世界。

后起之秀开新局（上）

——"创二代"担纲

"芳林新叶催陈叶，流水前波让后波。"自然规律决定了人事代谢，泉州民营企业经过几十年的发展，也不可避免出现了代际传承问题。大时代的召唤、父辈的熏陶和悠久的商脉，催发新一代加快成长，一批后起之秀正在用出色的答卷，书写自己的使命担当，引领泉州开创更加美好的未来。

创业不易，守业亦难。许多艰辛创业的老一辈，都曾纠结如何把自己打下的基业传给子女辈，并能在他们手上发扬光大。代际传承已经成为不可回避的时代课题。诞生于改革开放时代的"创二代"的答卷，也成为社会、媒体的聚焦点。

许阳阳：临危受命

许阳阳是达利创办人许世辉的长女，生于1983

年，酷爱读书，高中毕业后以优异成绩考入厦门大学，2005 年毕业后赴英国留学，2008 年毕业回国。

达利集团女掌门人许阳阳

当时正是达利蓬勃发展阶段，回国后的许阳阳顺理成章进入家族企业，先后在企业内部历经多个职位：从工会主席、车间主任到副厂长。2009 年开始担任副总裁和执行董事，并出任多家附属公司的监事。同期间，作为董事长的许世辉，着力培养其子许亮亮接班。

然而天有不测风云。2012 年 7 月，时任达利食品集团副总裁的许亮亮在出差途中不幸遭遇车祸身亡，年仅 27 岁。临危受命，家族企业接班大任责无旁贷落在许阳阳肩上。2014 年，31 岁的许阳阳正式进入公司决策层，担任了副总裁一职。

2015 年，许阳阳开始负责主导达利集团上市。在她的努力下，达利集团顺利登陆港交所，许阳阳也以 193 亿元的持股市值首次登上了富豪榜，成为名副其实的福建女首富。 许世辉家族身价也水涨船高升到 506 亿，成为 2016 年福建首富。

近几年，达利集团在许阳阳带领下稳步前进。2021 年营业收入达到 222.94 亿元人民币，实现净利润 37.25 亿元。 如今的她实现了"女承父业"的华丽转身，稳坐达利集团女掌门人之位。

王翔鹏：坚守本业

晋江东石享有"中国伞都"之誉。 优安纳伞业是一众制伞企业中的佼佼者，它深耕 30 多年，收获了 160 余项专利技术和荣誉，累计生产折叠伞超过 10 亿把，产品出口意大利、俄罗斯等全球 50 多个国家。 王翔鹏就是从小伴随优安纳长大的。 他耳濡目染父母的艰辛付出，对他们艰苦奋斗的过程感同身受，因此 2012 年他在英国完成金融专业学业后，毅然回到家乡接过父亲创办的企业。 他说："金融是很有前景，但我对实业更有信心，我想到自己家的公司锻炼。"

年纪轻轻的王翔鹏终于让自己成为一名制伞人。

他从销售做起，逐渐打开国内市场，并很快接手了海外团队。 为了改变展会上被动接单的局面，他在行业中较早引入工业设计，从产品开发的源头对接客户需求，开发的产品既符合市场需求又赢得了客户的青睐。 针对行业的痛点求变创新，积极引领传统行业往智能制造方向转型。 2018 年，王翔鹏牵头成立制伞业首个科技创新中心——海峡（晋江）伞业科技创新中心，作为行业"智库"。 2020 年，王翔鹏带领公司科研人员自主研发的伞布自动化轧边装置，成为晋江市唯一一个在科技部立项的国家重点研发计划项目。 该项目通过技术改良，用新的生产工艺完全替代了传统缝纫的针线，生产效率和成品率都得到很大提高。

值得一提的是，王翔鹏接手优安纳已达十年。这些年来，他曾面临不少走捷径赚快钱的诱惑，也时常会看到有人来他办公室给他讲股票、讲各种投资，在微信群里每天都有各种推荐，但都被他一一拒绝了。 对各种"造富神话"，他都漠然置之，迄今没买一只股票。 他的信仰是坚守本业，坚信实业一定有未来，民营企业大有可为。

许清流：再攀高峰

2021 年，中国最具盛名的卫生巾龙头企业恒安集团完成了代际交接，许清流接棒出任恒安总裁。

许清流是恒安国际集团总裁许连捷的长子，出生于 1979 年，曾获英国伦敦大学金融学理学硕士、长江商学院高级工商管理硕士学位，是恒安董事会副主席及执行董事，连捷投资集团董事长、总经理，亲亲食品董事会主席兼公司提名委员会主席及成员。

从童年起，许清流就耳濡目染父亲以顽强拼搏的精神和坚韧不拔的毅力，将一家毫不起眼的乡镇小厂，打造成为中国最大的生活用纸和卫生用品企业。他从英国学成归来后，就立志不躺在父亲的功业上坐享其成，而要通过自身努力，成为受人尊敬的"企二代"。

2003 年，在父亲的支持下，24 岁的许清流出任连捷国际投资有限公司董事总经理，他要通过"试水"投资来积累从商经验、彰显价值。在他的带领下，公司建立了完整的投资平台，开始各种不同类型的投资业务，涵盖金融服务业、投资、基础设施、房地产开发、酒店、餐饮、商业零售、贸易、物业服务等诸多领域。公司通过与摩根士丹利等企业的合作，先后成功投资蒙牛、中国平安保险、小米科技等多家知名企业，并获得丰厚的投资回报。

2017 年，在投资界风生水起的许清流做出一个大胆的决定：放弃投资行业，转向传统制造业。 他接手了正在走下坡路、急需重塑生机的老牌食品企业——福建亲亲食品有限公司。 之所以改变初衷，许清流说最大的原因是受其父亲的影响和感化。 他觉得，父亲毕生为扎根实业为之奋斗的精神值得致敬，自己有责任和义务延续父亲身上那种专心专注、锲而不舍的打拼精神并发扬光大。

在全面分析亲亲企业的优劣势后，许清流提出了三个"创新"：产品创新、思维创新、经营创新。 为此，企业引进日本设备，改变原有工艺，生产出更受消费者欢迎的果冻产品。 经过两年的持续创新，亲亲的产品质量得到了较大提升，推出了不少深受市场特别是年轻人喜爱的产品，也延伸了许多新的产品，构建起了新的产品矩阵。

接棒恒安集团总裁后，许清流坦言恒安正面临双重考验，外部来自渠道碎片化等商业模式的巨大改变，内部在于组织架构和制度流程的梳理以及人才梯队的完善，这些都是需要重点突破的领域。 他表示要发挥恒安诚信、拼搏、创新、奉献精神，通过积极改变和努力，提升公司经营能力和业绩表现，带领全体员工实现自我人生价值和公司市值的双提升。 围绕恒安制定的"百年千亿"战略蓝图，恒安集团携手厦门大学管理学院打造中高层管理者培养项目，旨在提高恒安集团内部中高层管理人才的理论知识和管理能力，完成中高层管理人才认知与思维的突破，为组织发展及核心人才队伍建设赋能。

经过十多年的商海历练，许清流对人生多了一些感悟：作为"企二代"，实现人生价值比赚钱重要，投身实业可以更好地为社会做贡献。

陈强：行稳致远

2021年1月21日，经凤竹纺织公司第七届董事会第十次会议审议通过，陈强出任公司董事长。

80后陈强是凤竹纺织创办人陈澄清的二儿子，大专毕业后就进入家族企业福建晋江凤竹鞋业发展有限公司，历任车间主任、生产厂长、总经理助理、副总经理。在父亲的耳提面命下，他积累了丰富的实践经验，对公司的经营管理情况了然于胸。为了得到更充分的历练，2012年，陈强从父亲的羽翼下走出，只身到厦门，白手起家创立了永兴东润服饰股份有限公司（ROOKIE）。该公司如今是一家集产品设计、采购、销售、运营及品牌企划业务为一体的全渠道国际知名童装品牌运营商。公司主要从事 Nike、

Jordan、Converse、Levi's 和 Hurley 等多个国际知名品牌童装品牌在大中华区的业务，在线上及线下采用童装集成店和童装单品牌店模式，给消费者带来了以"运动、时尚、休闲"为定位的一站式购物体验。

在陈澄清执掌任内，凤竹纺织于 2007 年登陆上海 A 股市场，成为晋江首家国内主板上市公司。2010 年荣列"中国纺织服装企业竞争力 500 强"；2015 年被授予"纺织技术创新示范企业"称号。

接棒后的陈强，正有条不紊地按照公司确立的"做中国的杰尼亚"的宏伟目标，致力打造一个以面料为核心竞争力，以自主和代理品牌零售为龙头，有完善产业链的纺织集团。

后起之秀开新局（下）

——新生代崛起

　　进入新时代，以互联网为代表的新经济异军突起。各种新业态、新技术、新思维催生了国内外狂飙突进的"财富神话"。赶潮的泉州也涌现出一批脱颖而出的"创富明星"。

林时乐：跨境电商"领头羊"

　　2022年1月，在泉州两会上，市政协委员林时乐提交了《关于泉州跨境电商人才发展的建议》的提案。3月1日，2022跨境电商（东南）峰会在泉州大剧院隆重举行，旨在推动阿里巴巴国际站与泉州携手加速泉州本土品牌出海。泉州市跨境电子商务协会会长、福建新时颖电子商务有限公司总经理林时乐应邀出席，与众多业内知名人士共同探讨"后疫情时代，中小企业如何实现高质量增长"的议题。"十年磨一剑，一举露锋芒。"一时间，林时乐成为各路媒体关注的焦点人物，被誉为泉州跨境电商"领头羊"。

林时乐 1984 年出生于福建南安。2005 年，在仰恩大学就读的他注意到，中国的电子商务正呈现"井喷式"发展，而跨境电商作为电商领域的一个重要分支，将成为继 PC 电商、移动电商后的下一个"新蓝海"。于是，他怀揣 500 元启动资金，开始"试水"电商创业。他用这点钱与志同道合的同学去义乌买些样衣，回学校再卖掉。此后，林时乐开始接触易趣网，并在平台上出售商品。其时国内的跨境电商屈指可数，随着国外买家越来越多，他的店铺营业额出现暴增。意识到这个"国际淘宝"大有可为，林时乐便在 2007 年大学毕业后正式注册公司、聘请员工，借此机会投入跨境电商，成为第一批"吃螃蟹的人"。

2013 年，亚马逊全球开店，带动整个中国卖家体系融入亚马逊全球体系里。林时乐及时接入这个市场，很快占有一席之地。他建立了自己的网站，花 1500 万元在泉州市区东海街道买下厂房和办公楼。林时乐经营的新时颖公司，是全球性感时尚服饰主要供应商之一，主要运营的产品以性感和时尚为主题，包括情趣内衣，性感泳装，时尚女装，时尚男装，服饰配件等。2013 年，三十而立的他将电商版图拓展至全球 100 多个国家，年销售额已经破 1 亿美元。

之所以选择进入"情趣内衣"品类，是因为这些产品属于非主流产品，在线下不好买到，或者买到的价格太高。林时乐善于思考，做出了自己的特色和优势。他说，我更看重后端供应链，这也是我们的优势。而后端供应链，不可能变来变去，生产制造要娴熟，就需要坚持。

经过十余年的行业深耕，林时乐旗下新时颖公司已经成为福建跨境电商领域先驱。新时颖依托泉州本地服装供应链优势，公司以产品为核心，B2B、B2C 双业务模式并行，拥有完整的产品研发与设计、生产、营销运营体系。公司还拥有中国时尚类前 10 强的独立站批发平台，同时是亚马逊美国女装销售的前三大卖家，旗下 DOKOTOO 品牌获得亚马逊 2017 年致胜奖，是中国区内唯一获此殊荣的服装品牌。2017 年 10 月，在泉州市、丰泽区两级政府的指导下，由林时乐的福建新时颖投资公司发起，联合东海片区多名实力业主等共同投资建设东海跨境电商生态圈项目，旨在发挥靠近泉州师范学院及附近聚集了大量毕业后独自创业的年轻卖家的综合优势，形成相对完整的产业链。经过多年推进，东海跨境电商生态圈已集聚跨境电商企业超 1000 家，生态圈内销售额超 100 亿元，目前已发展成为福建首个跨境电商产业综合体、泉州市丰泽区国家双创示范基地。

许金升：传统产业转型突围的先行者

制造业大市晋江长期名列中国百强县（市）前茅，其傲人的经济总量主要是靠庞大的传统产业撑起的。然而，在百年未有之变局和新冠疫情的持续影响下，传统产业面临着越来越沉重的压力。如何转型突围、实现持久高质量发展，成为晋江企业家不容回避的严峻课题。

信泰集团年富力强的执行总裁许金升，交出了一份不同凡响的答卷。2022 年，晋江市召开"智造融合　数创未来"企业创新发展大会，信泰集团作了题为《数字化转型贯穿全流程》的经验分享。同年福建省《政协天地》第 6 期推出"聚焦'晋江经验'20年"专题，记者采写的《让传统行业奔向更远的未来》介绍了许金升的探索与思考。

许金升出生于 1979 年，是晋江本土成长起来的新锐企业家，已有执掌企业 18 年的从业经历。迈入职场前，他就读于厦门大学经济学院，并有英国留学经历。扎实的学历教育和丰富的经管经验，使他对传统产业转型突围的认识具有理性深度和开阔视野，并一直致力先行先试。

信泰集团执行总裁许金升

——解决"同质化竞争"的痛点。信泰集团成立于 2005 年，是一家向晋江庞大的体育运动行业提供运动鞋材的供货商。一段时间后，由于运动鞋材严重过剩，客户开始压价，订单减少，企业连工人的工资都发不出来，濒临倒闭。2011 年，信泰对经营思路进行反思。许金升发现，鞋类同质化严重、工厂用工难是最突出的痛点。由是，信泰转做鞋型设计，在鞋面上做更多深加工，避免了同质化。

——"数字化"为企业赋能提效。许金升敏锐觉察到工业互联网浪潮扑面而来的大趋势。2018 年，信泰开始推进"第二次转型"——数字化。在信泰厂区，从接单、备料、仓储到生产，通过数字化，不仅实现流程规范标准，更解决了企业长期存在的信息不对称问题。"数字化"赋能使信泰如虎添翼、华丽转型。许金升深有感触地说，如果没有转型，公司现在可能还过得很艰难。转型后我们至少打败90％的竞争对手。

——以科技立企志向领跑行业。从传统鞋材行业起家的信泰集团牢记习近平总书记的嘱托，坚守初心，心无旁骛做实业。创业20多年来，信泰立足科技之本，专注于产品创新与推进行业进步，其使命是"引领绿色科技，织就美好生活"，愿景是"成为全产业链纺织科技全球领航者"。2011年转型以来，信泰的研发经费投入占销售额的5％，目前已拥有科技人才300多名，专利700多项，并成立了信泰研究院、专家工作站等科研机构。许金升勾画的信泰蓝图是，未来五年甚至十年后，结合制鞋产业工业互联网，打造万物智联产业生态圈。加强革命性的变革与创新，努力把智慧梦工厂建设成版图辽阔的企业。

在许金升看来，信泰蓝图的绘就，有赖于人才的加持。他提出"用诚意与礼遇引才聚才"的理念，表达了信泰站位高远的"人才观"。基于这种前瞻理念，多年来，信泰在发展中摸索和实行多种激励制度，用诚意与礼遇吸引人才、聚集人才。例如，通过与国内和国际顶尖院校合作建立研究院，推进"产学研"一体化。面向高端科技人才实行"柔性引进"：根据项目研发成果在市场上的销售情况，按照市场销售额给科研团队一定比例的提成。这些举措取得了不菲成绩，吸引力也越来越显著。

艰难探索，玉汝于成。2022年，信泰被国家发改委认定为2021年国家企业技术中心，这是2014年以来晋江获得认定的首家国家级高新技术企业。同期，获批为福建省2022年第一批新设博士后科研工作站单位，入选福建省智能示范工厂项目名单。目前，信泰集团已经成为专业从事鞋服纺织新材料、可穿戴产品的研发设计、生产和销售服务应用，纺织材料染整及纺织机械的互联网＋高新技术企业，在国内外行业里具有一定的规模与影响力。在许金升执行总裁的带领下，企业在大数据平台建设和应用、智能化生产方面走在了行业的前列，成为晋江传统企业向数智企业华丽嬗变的领军标杆。

陈朝晖：“数字经济”播种者

2021年春，泉州市委宣传部、市发改委、市工信局、市商务局、泉州晚报社等单位联合主办泉州经济年会，福建省万维区块链科技有限公司董事长陈朝晖闪亮出镜，荣膺2020年度泉州经济人物。

在泉州民营经济界，陈朝晖是与众不同的存在。他是中国打开国门后最早一批互联网的“触电者”和“赶潮人”。

1990 年代初，从华南热带作物学院毕业的陈朝晖考上了公务员，本可以在体制内按部就班地发展，但他却选择了下海。 凡事喜欢从哲学和宗教学层面思考问题的他认为，时代发生了很大变化，幸福的标准也发生了变化。 做一个紧跟时代的赶潮人，在大好的年纪进入经济建设主战场建功立业，这是人生难得的幸福。

1994 年 7 月，陈朝晖创办了万维电脑学校，从电脑培训、硬件销售起步，后来发展到软件开发。他在这个新兴的信息产业领域做得风生水起，一些大企业上市公司和政府的网站都由万维网络开发有限公司承接，如当年晋江机场的网上订票系统等。 更为耀眼的是，他凭借过人的专业知识水平和不断提升的知名度，被市委党校和政府相关部门邀请授课，成为电子政务和网络办公的积极传播者。 而最可称道者，万维电脑学校培养了数以十万计的学员，许多人在这里学会了计算机及网络技术的应用。 二十多年来，不少学员在互联网创业上成绩斐然，成为泉州信息产业发展的精英。 他们咸认陈朝晖是业界的"领路人"。

在转换多个跑道、积累了丰富的经营管理经验后，陈朝晖把目光投向"数字经济"的前沿领域，2016 年先人一步跨入区块链赛道。 他把握泉州制造业"两化融合"发展的脉搏，初步搭建了泉州首个区块链应用平台——万维通区块链积分平台，无缝连接制造业与消费者，旨在为所有的商家及消费者创造合作共赢的命运共同体，为泉州、福建乃至全国打造数字经济时代的数据要素基础。 他具有丰富的实战经验，获得清华大学等多所高校的青睐，被聘为客座教授，活跃在高校讲台。 在省工商联的指导支持下，他牵头发起成立了福建省区块链应用商会，并出任创会会长，整合力量打造推动数字经济发展的平台和"智库"。 在政协的各种会议上，他踊跃建言献策，提交了多份关于区块链技术应用生态环境的建议，得到市委书记和市长的亲自批示。

陈朝晖下海创业的时间不短，早已实现了财富自由。 但与许多常人不同的是，在他身上丝毫看不出"老板""企业家"的标配：没有气派的办公室，没有豪华的汽车。 但他却自豪地宣称，他最大的财富是"大脑"。 他认为，人类即将进入数字经济时代，数字经济代表新的生产力和新的发展方向，是全球技术创新的重要高地。 近年来，我国数字经济取得了举世瞩目的发展成就，总体规模连续多年位居世界第二，对经济社会发展的引领支撑作用日益凸显。 促进数字经济发展已成为我国深入实施创新驱动发展战略、巩固壮大实体经济根基的重点内容之一。 泉州作为民营经济改革发展示范城市和制造业大市，应该更注重"脑力开发"和"数字赋能"，大力推动数字技术的普及工作，大量培育数字技术专业人才以支撑和推动实体产业完成数字化转型升级，进一步提升在国家数字经济发展中的话语权和影响力。

"数字经济"布道者陈朝晖

领跑 TikTok 新赛道

2022 年 8 月 31 日，由福建省民营企业商会、闽商报联合主办的"闽商齐向前·创新绽未来暨建设一流企业高峰会"活动在福州举办。各路闽商大佬、专家学者、青年企业家代表等齐聚一堂。福建爱分享跨境电商有限公司董事长陈明烟与曹晖、曾忠诚、卢璋、程烨、林志勇等 5 位民营企业家围绕"科技创新"主题畅谈未来产业发展形势，分享民营企业创新发展方向。

1980 年代出生的陈明烟自福建师大计算机科学系毕业后，先到泉州万维网络公司工作一段时间，然后开始自主创业。他分析了自己的优劣势，认为自己没有雄厚资金，没有过硬的社会关系，但运用电脑技术的能力强，英语也能对付，于是他开始从事对外贸易。在积累了一定经验后，他跨入跨境电商领域。他发现正在兴起的 TikTok 对跨境电商具有巨大商机。2018 年，陈明烟成立了福建爱分享跨境电商有限公司，使命是让中国品牌走向世界，致力于

TikTok 赛道的流量探索和挖掘，服务跨境卖家，协助中国品牌开拓国际市场。

陈明烟看到，TikTok 已经成为世界上访问量最大的互联网网站。2022 年 4 月，TikTok 已正式在东南亚六国（印度尼西亚、泰国、越南、马来西亚、菲律宾、新加坡）上线。此外，还在英国上线 TikTok Shop 电商业务。TikTok 的生态不同于传统的"货架式电商"形态，它既是一个内容生产平台，又是一个电商销售平台，还是一个帮助消费者和品牌沟通的平台。这是 TikTok 无可比拟的优势。当前，传统外贸转型跨境电商正逢其时，跨境电商增速显著。2020 年 4 月，国务院决定在全国新设 46 个跨境电子商务综合试验区，加上已经批准的 59 个，全国将拥有 105 个跨境电商综试区。跨境电商正发挥着独特优势，以其新业态新模式助力外贸攻坚克难。

在陈明烟看来，经过几十年融入国际大循环，中国诞生了许多优秀的消费品公司，依托于中国产品供应链的成本优势，与海外品牌形成价格红利差，同时中国产品的创新力和质量也得到了全球市场的认可，产品竞争力日益提高，因此中国消费品正在被全球市场所需要。对比海外本土的消费品牌，中国消费品牌在产品应用创新和产品迭代升级方面跑得更快。此外，中国目前仍然拥有全球最长最完整的供应链，这使得国内产品成本相对较低、交付周期更短。

TikTok 是一个建立品牌印象、品牌好感、品牌相关性很好的渠道。

陈明烟把新成立的公司总部布局在泉州，因为他看好泉州品牌出海的机会。一是研发和生产能力强。泉州是拥有九大千亿产业的品牌之都，外贸出口强势，其中鞋类、服装、玩具等七大劳动密集型产业占出口总额六成，是全国重要的跨境电商网货制造基地。"泉州制造"凭借着物美价廉、实用性强的优势，正通过跨境电商热销菲律宾、马来西亚、印度尼西亚等多个国家和地区。二是初步形成人才培养体系。泉州有多个培养跨境电商人才的高校，如华侨大学、泉州师院、黎明大学、泉州轻工职业学院等。这些学校培养了外语、国贸、市场营销、视频剪辑、新媒体营销等专业人才。特别是华侨大学和泉州轻工职业学院还有国际学生，能熟练使用中文和当地语言。三是拥有丰富的海外华侨资源。泉州是著名侨乡，950 多万海外泉籍乡亲分布在 170 多个国家和地区，在发展跨境电商方面有着得天独厚的优势。海外华侨资源是建立跨境电商海外仓的良好合作资源。利用海外华侨资源，可以很好链接当地的网红资源，做好品牌本地化内容营销。综上，泉州品牌依托多年沉淀的生产制造优势，以及近年开始加强的产品研发和设计，再使用 TikTok 最新、最优的短视频、直播的营销渠道，将可以完全覆盖整个产业价值链，实现更高的价值。

　　基于这些研究，陈明烟率先试水，与一个入籍美国的友人合作注册了中国的首家 TikTok 公会，公会运营首月，就赋能近 200 个网红产生收益，实现 180 多万流水。 目前又新增了英国、马来西亚、菲律宾等市场，拥有数千网红，实现每月产品销售额 600 多万，并以 30％的速度在增长。 同时，他把总部的职能定位为"中台"，从事"带货达人"的业务辅导培训。 他认为，培育未来跨境电商的核心竞争力是拥有庞大的粉丝群。 品牌可以选择与符合品牌调性的达人进行合作，在达人的短视频中增加产品展示，在目标用户心中建立品牌印象。 通过创作"吸睛"的品牌广告、回复用户评论等方式建立用户对品牌的好感。 目前，公司已赋能 3000 多人次进入 TikTok 赛道，有跨境电商卖家、在校大学生、职场新人、海外华侨等。

　　陈明烟还担任泉州市网络外贸商会会长。 作为公众人物，他乐意将自己的实践心得向更多有志创业的年轻人分享。 如应省工商联邀请，在"闽商齐向前·创新绽未来暨建设一流企业高峰会"上做 TikTok 主题演讲；受江苏宿迁台办邀请，为在宿迁以及在台湾宜兰的台湾青年做 TikTok 系统性培训。 近年来，他还特别关注大学生创业问题，正在潜心研究如何利用 TikTok 新赛道破解这个让亿万人民揪心的难事。 他坦言，TikTok 赛道为大学生创业提供了新机会。 TikTok 有几个有利因素：（1）TikTok 可以实现大学生 0 成本创业。 TikTok 拥有多种的营销逻辑，特别是联盟营销、达人带货模式。 大学生可以作为达人，为商家进行联盟营销带货。 大学生不需要选品、不需要囤货、不需要预先支付货款、不需要物流仓储等等，只需要进行产品信息的分享，通过产品成功销售的结果，自动从平台获得商家的佣金。这样的方式，可以实现大学的 0 成本创业。（2）低成本试错，减少创业风险，提高创业成功率。 通过联盟营销带货方式，大学生可以给无数的卖家带货，可

陈明烟参加"闽商齐向前创新绽未来暨建设一流企业高峰会"活动

以测试自己的能力和优势更适合销售什么产品，更适合针对哪个国家的市场。先为商家带货，提升个人能力，找到适合自己的产品和国家定位，再以卖家的身份来卖货，大大提高了创业成功率。（3）大学生可以利用 TikTok 更好地做价值沉淀。TikTok 联盟营销过程，不仅仅是卖货的过程，也是一个账号粉丝沉淀和积累的过程。如果大学生在校期间就开始运营 TikTok，拥有一个优质的 TikTok 账号，将为其到企业面试就职大大加分。如果是已经进入职场，则通过联盟营销沉淀粉丝，可以更快地创业。

孵化基地开琪花

位于泉州东海中央商务区的连捷国际中心，福建省大学生创新创业基地（泉州）落户其间。它是福建省教育厅与泉州市人民政府共同建设的省级大学生创新创业平台，是泉州市响应中央"大众创新、万众创业"号召，推动大学教育服务经济建设、引导大学生就业更好契合社会需求的一个创新举措。

基地建筑面积 10490 平方米，其中大学生成长型企业办公、孵化和公共服务场地面积 8392 平方米，是大学生数字经济创业者办公、研发、运营、交流和资源整合的区域。泉州市高校科技园启动区 2098 平方米，是在泉高校和国内"双一流"高校科技成果展示转化、产教融合和创新创业平台。2018 年 12 月开始投入运营，通过泉州市各高校推荐和社会公开征集，对接 157 个大学生创业企业，共遴选出 74 个符合产业发展政策、市场前景好、发展潜力大的数字经济、新媒体等项目入驻培育，孵化出园 47 个，在园企业 30 个，战略合作单位 6 家，数字经济高新技术企业 3 家，省级科技小巨人 1 家，产值突破 10 亿元，年纳税突破 100 万元，从业人员 600 多人。 四年来，一批批朝气蓬勃的大学生创业团队争相入驻、各展特长，为基地注入了旺盛的活力，吸引各级领导前来视察指导，各种媒体聚焦报道。 基地荣获了省级创业示范基地、省级科技企业孵化器、省人社厅"高校毕业生创业孵化基地""泉州市退役军人就业创业园""泉州市众创空间"等称号。

位于泉州东海中央商务区的泉州大学生
创新创业基地(严文堪　摄)

小荷才露尖尖角，映日荷花别样红。 进入基地的这些年轻创业者，经过创业氛围的熏陶和历练，有些人已经脱颖而出。 泉州市贝多立电子商务有限公司总经理叶宏坚就是其中的典型代表。

叶宏坚出生于 1992 年，上大学时就读于泉州师范学院化学专业。因为对所学专业在未来就业的担忧，叶宏坚从大三开始就摸索自主就业。他做过通信产品销售和教育产品推广，但最终都草草收场。2014 年，一个偶然的机会，他接触到了正在高速发展的跨境电商行业。虽然对电商还是门外汉，但敏锐的商业嗅觉让叶宏坚从此走上了跨境电商之路。他找到同校在读软件信息专业的老乡郑丽辉，两人一拍即合，立即投入火热的创业中去。经过市场考察，叶宏坚决定依托泉州服饰鞋帽产业优势，专注于鞋业贸易。然而，创业的艰辛远超乎他们的想象，缺乏资金，没有场地，没有人手，更难的是家人的不理解。叶宏坚一边争取家人支持，一边主动出击。他和伙伴到处筹措，终于有了起步资金，没有场所，就租一间简陋的民房，没有人员，就找大学生兼职。经历日夜奋斗，2015 年 3 月，正式注册泉州市贝多立电子商务有限公司。

历经周折，叶宏坚带着团队从简易民房搬进了创业基地，公司也开始招录员工。由于经验和家底都不丰厚，公司运营中免不了遭受种种困难，遇到挫折，但每次叶宏坚都能主动带领大家积极应对。家人态度的转变和支持，也给了他更大的动力。在共同的拼搏创业中，爱情之花绚丽开放。他和郑丽辉从最佳拍档变成了相互扶持的夫妻。双剑合璧、刚柔相济，这一对年轻夫妻没日没夜地投入公司管理运营中，带领着团队一点一点前进。功夫不负有心人，他们的努力得到了市场的回馈，公司销售额成倍增长，利润实现翻番。2020年，尽管新冠疫情造成严峻压力，但叶宏坚带领公司创出佳绩，年营业额达到4700万元。公司核心工厂经过WCA、BSCI等相关认证，拥有多个美国、中国注册商标，部分产品及图片版权专利。常备鞋服类库存款式数百，结合周边供应链有上千款在售款式。因为公司业务发展需要，叶宏坚又做起了服装业务以及跨境电商的小额批发，奋进开辟下一个新战场。

在商场打拼七年，刚刚三十而立的叶宏坚已长出了白头发。作为大学生创业成功的榜样，叶宏坚先后受聘成为泉州师范学院商学院创业导师、黎明大学商学院专业指导委员会委员、泉州轻工学院创业导师，不时会受邀到高校开展创业讲座，分享经验。2019年，叶宏坚和校友组织发起母校跨境电商创业者同创会，以"同舟共济，创达天下"为口号，促进行业协同发展。

百舸争流，鹰击长空。越来越多大学生自主创业，在泉州经济建设主战场建功立业，已成为民营经济大军中一道靓丽风景，也为泉州高质量发展增添了新动能。

造福社会显爱心

　　2021 年 7 月，河南郑州特大暴雨给人民生命财产造成重大损失。 在全国人民援助灾区的行动中，泉州知名民企鸿星尔克在自身面临沉重经营压力的情况下，慷慨捐赠价值 5000 万元的救灾物资驰援河南灾区，引爆了网络热议，感动了全国网民，纷纷点赞它是"良心企业"。 一时间，泉州和鸿星尔克都成为高频热搜。

　　其实，乐善好施、造福社会一直是泉州民营企业的优良传统。 进入新时代后，呈现出了更主动、更大规模、覆盖面更广的新特点。 不时可以看到媒体报道，某些知名企业家的父母做寿或子女大婚，都会捐出巨款给慈善机构。 这几乎已经成为一种流行的新风尚。

　　近几年，主流媒体广泛报道了几位著名企业家慷慨捐资几十亿元建设教育、医疗机构的事迹。

　　——2019 年 1 月 4 日，惠安县亮亮中学开工庆典隆重举行。 该中学是达利集团捐资 10 亿元人民币而创办的，践行了许世辉董事长所倡导的"优先支持教育事业，传承敬老传统美德"的公益理念。 亮亮中学占地 320 亩，可容纳 6000 个以上学位。 整体将以现代化、标准化、国际化的视野进行精心策划布局，充分体现"景观、生态、文化"三大元素，创造优美的教育教学环境。 副总裁许阳阳表示，我们希望亮亮中学的兴办，能够让更多学子享受到具备国际水准的、现代一流的教育资源；通过建设具备国际视野的现代化一流中学，拉动普通中学教育质量和办学水平的整体提高；也希望亮亮中学能够为高校输送更多的优秀学生，为社会输送更多的高质量人才。

——2021 年 10 月 31 日，泉州市人民政府与厦门源昌集团有限公司在南安举行共建泉州高水平大学框架协议签约仪式。 源昌集团慷慨捐资 60 亿元与泉州市共建高水平大学，这是全省单笔最大捐赠之一。董事长侯昌财说，自己一辈子做企业，就是想回报家乡、回馈社会；自己一辈子做慈善，就是想营造公平、和谐社会；自己一辈子做教育，就是想教人求真、教做真人；为家乡、为社会捐资创办幼儿园、小学、中学到大学，就是要让孩子们得到最好的教育、最好的培养、最好的成长，将来成为社会最有用的人、最受人尊敬的人。 这是他自己一生中最大的心愿。

——2021 年 12 月 18 日，在安踏集团成立 30 周年之际，董事局主席丁世忠宣布，将捐赠 100 亿的现金和股票，成立"和敏基金会"，用于社会发展及公益慈善事业。 首个捐赠项目，将捐赠 20 亿元，全资捐建上海第六人民医院福建医院（福建和敏医院）。丁世忠表示，国家提出了"2030 健康中国"的发展规划和区域医疗中心建设战略，精准推动如何更好地满足老百姓看病就医的需求。 安踏的初心，就是希望响应国家"十四五"时期公立医院高质量发展的战略布局，通过高水平医院的建设，助力国家区域医疗中心项目，提升区域医疗服务能力，给全省人民多一个在家门口获得优质医疗资源的选择，进一步解决群众看病难问题。

2022 年 3—4 月间，泉州遭受新冠疫情袭扰，城市按下了"暂停键"。 面对疫情，众多民营企业家急公尚义、爱心涌动，纷纷出手捐款捐物支援疫情防控工作，用一个个暖心之举，汇聚成一股同心抗疫的磅礴力量。

——封控措施使日常的采购变得不便，为减少西湖豪庭小区 315 户业主外出买菜可能产生的交叉感染，小区业委会主任、福建省奎星电子科技有限公司董事长吕天奎先后四次自掏腰包，向小区每一户业主分发冷冻食品、蔬菜等物资，总量近 5000 斤。 他说，小区就是我的家，我就是在为家人们做点事。

——为缓解基层防疫资金压力，丰泽区北峰商会创会会长吴端雅通过其在丰泽慈善总会设立的中燊慈善基金，支援清源街道 30 万元人民币，用于街道疫情防控。

——除了捐款捐物，亦有许多企业家踊跃投身战"疫"志愿活动。

在晋江安海，泉州嘉利儿童用品有限公司总经理陈艺娟免费提供 2 万多平方米的场地给当地作为核酸检测点，还和丈夫安海侨联主席许清海到核酸采集点做志愿者。在泉州，台商吴妘萦向开元街道捐赠了帐篷、一次性雨衣、一次性脚套等物资，用于保障一线抗疫工作人员能在雨中正常工作；还向泉州中心市区 29 个城中村社区的困难户捐赠了近 3000 份抗疫爱心餐。南安中骏四季家园小区，南安市人大常委会委员、四季家园业委会主任洪宗荣主动请缨，担当"零号"指挥员、一号志愿者，在抗疫第一线挥洒爱心、排忧解难。他迅速组建志愿者服务队，配合各级做好疫情防控工作。四季家园小区每轮全员核酸检测参检人数近 5000 人，相当于有些乡级组织的应检人数总和。11 轮核酸检测，每次检测的前一晚，洪宗荣都要召开志愿者会议布置具体分工和注意事项，同时拉警戒线，贴"一米线"，摆放桌椅，搭设帐篷，全面做好准备工作。为了让检测采样工作更加有序，减少业主排队等待时间，检测开始后，洪宗荣便拿着喇叭，在小区的 18 栋楼间不停喊话，一次检测工作竟走出了 20000 多步数，近 15 公里。 在他的感召带动下，小区涌现出了越来越多的热心业主化身志愿者，他们无私奉献的感人举动得到了广大业主的赞许，不少业主纷纷送来锦旗致谢。

习近平总书记指出："只有富有爱心的财富才是真正有意义的财富，只有积极承担社会责任的企业才是最有竞争力和生命力的企业。"在实现共同富裕的新征程中，泉州广大民营企业家继承和发扬中华民族扶危济困、造福社会的美德，致富思源、富而思进，积极参与各种公益慈善事业，展示了促进共同富裕、履行社会责任的时代风采。

春潮再起唱大风

2022 年，风雨兼程的泉州又进入一个关键节点，大事多，喜事多：

申遗成功一周年；"晋江经验"提出二十周年；省委、省政府印发《关于传承弘扬"晋江经验" 支持泉州建设 21 世纪"海丝名城"的意见》赋予泉州更多的政策支持和发展机遇；具有里程碑意义的中共二十大胜利召开，擘画了中国未来发展新蓝图，为中国式现代化新征程指明航向。

泉州民营经济发展史，又迎来一个明媚春天，涌起一股浩荡春潮！

一

2022 年 8 月 19 日，福建省弘扬"晋江经验"促进民营经济高质量发展大会隆重举行。 省委书记尹力发表主旨讲话指出，20 年来，全省上下传承弘扬

"晋江经验",推动民营经济发展取得辉煌成就,成为福建发展的特色所在、活力所在、优势所在。 实践证明,民营经济好则福建经济好,民营经济强则福建发展强;今天福建的发展成就,民营经济、民营企业、民营企业家功不可没。

10 月 16 日,举世瞩目的中国共产党第二十次全国代表大会隆重召开。 中共中央总书记习近平在二十大所作的报告,对促进民营经济发展壮大作出许多新的重大论述,为民营经济实现高质量发展指明了方向。 习总书记指出:"我们要构建高水平社会主义市场经济体制,坚持和完善社会主义基本经济制度,毫不动摇巩固和发展公有制经济,毫不动摇鼓励、支持、引导非公有制经济发展。"党的二十大报告再次重申"两个毫不动摇",表明了党的一贯立场和支持鼓励民营经济发展的方针政策没有改变,回应了社会重大关切和民营企业的呼声期盼,及时给民营企业家送来一颗"定心丸"。

学习贯彻二十大精神热潮滚滚,担当国家赋予建设民营经济改革发展示范城市的泉州,进一步明确方向、坚定信心,决心坚持以习近平新时代中国特色社会主义思想为指导,积极传承弘扬"晋江经验",奋力推进中国式现代化的泉州实践。

二

　　激情之余是清醒。 人们记忆犹新，从牛年跨进虎年，省内媒体最热门的议题就是"福州 GDP 超越泉州"，并在社会中持续发酵。 保持了 22 年全省第一的桂冠旁落，让不少泉州人颇不是滋味。 用什么心态看待这个问题？ 在我与一些同事朋友的交流中，我逐步有了成形的看法。 根据我的调研感知，GDP 只是对经济发展的一个数字描述，泉福两市比拼的要害是看发展质量——看谁的经济结构更优，更有科技含量，更有市场活力，营商环境更优越，更能吸引人才、资本、信息、专利等要素资源输入落地。 所以，从此视角看，泉州应该保持理性平和心态和韧劲，与福州比跑"马拉松"，不必计较于一时之得失。 从历史长时段看，泉州在宋元时代，曾经创造过经济发展的"世界波"。 在 20 世纪改革开放后的不足 20 年内，就从全省末流逆袭超越老大福州，证明其具有强大的内生力量，因此我们应该对泉州未来继续保持领先坚具信心。

　　且从虎年泉州"两会"期间的两个具体案例的触动谈起吧。 在会议期间，我与两位担任市政协委员的企业家新秀进行过深入交流互动。 一位是结识了

225

二十几年的老朋友。他大学毕业后本有体制内的一份工作，但他舍弃安稳的铁饭碗独立创业，从创办电脑学校到从事跨境电商再到牵头成立省级协会，研究最前沿的区块链、元宇宙，并到各地讲学布道"数字化"赋能。他在政协常委会议和全会的发言引起市领导的重视，特地到他的公司考察。另一位是籍贯晋江的青年企业家，低我 10 多届的校友。他本科毕业后到国外留学，其后回乡执掌家族企业，将事业越做越大。近期企业已成为市传统企业"数字化"转型的亮点，正在积极打造大数据智慧工厂，致力探索和实践"工业 4.0"，为民营企业转型升级路径提供探索经验。此次参会他带来了"关于加速发展泉州市鞋服行业工业互联网应用场景建设的建议"。在"两会"相关报道中，他们都闪亮出镜。我看到这样一个现实，以这两位委员为代表的新一代企业家，他们具有一些亮丽的新特点：学历更高，视野更宽，现代企业经营管理的理念更先进，知识更丰富。不但传承了闽南文化"爱拼会赢"的基因，还孕育出"爱智会赢"的新本事。他们都正值壮年，事业空间天高地阔。推而论之，在我认识的朋友、校友中，有不少具有"企业家精神"，领办各种"专精特新"企业的精英。他们处在市场经济的第一线，天天都在琢磨经济、琢磨发展、琢磨赚钱，现实主义＋专业主义＋长期主义，使他们拥有搏击市场大风大浪的胆魄和制胜法宝。 放眼泉州，一支紧跟新时代潮流的新型企业家队伍正在崛起、不断壮大。 这是泉州保持领先最难能可贵的第一优势资源。 只要保持这个最宝贵的优势，泉州就具备高质量发展和再度超越领先的能力。

三

2015 年，中国首位诺贝尔文学奖得主莫言抵泉出席第十四届亚洲艺术节暨第三届亚洲文化论坛，泉州之行让他留下了"泉州是个奇妙的地方"的赞叹。

泉州确实很"奇妙"，但最直观地说，它的"奇妙"在于它是一座烟火气满满的城市。 的确，你走在西街、中山路、美食街上，能看到熙熙攘攘的人流和琳琅满目的商店，即使午夜，你也能看到许多小食店、大排档还在营业，一伙伙年轻人正在吆五喝六猜拳行令。 见识了它热闹的烟火气，让许多外地人印象深刻流连忘返。

在我心目中，最有烟火气的是古城南边老汽车站附近的幸福街商圈——与别处的烟火气不同，这里满满的是商气。 本该是人们饭点或休闲的时间，这里熙熙攘攘的人流却忙着做生意，各式改装的摩托车、小货车络绎不绝地把无数的鞋盒、纸箱拉过来码上车，发往全国各地。 不夸张地说，已经远去的二十世纪八十年代石狮小洋货市场的荣景，依稀在这里再现了。 他们日复一日地辛劳看似简单的重复，但其实他们都在为这个城市的"烟火气"书写着有温度、有亮度的一页页。

茫茫人海中，我不认识哪一个，但我却能直观地读出他们质朴的心态：为生活打拼，为利益奔波。切莫蔑视鄙夷他们"逐利"的庸俗，亚当·斯密说，让人们追求个人利益将有益于整个社会。"幸福街商圈"的人们日复一日地"搬砖"，或许就生动诠释了《国富论》的真谛。 劳动光荣，劳动致富，中国式现代化大厦，正是这样聚沙成塔而来。

令我怦然心动的还有，每当我来到这里，看到川流不息的人群，眼前就幻化成一群群飞舞采蜜的工蜂。 这些"工蜂"们多以年轻人为主。 都说现在的年轻人不堪严酷的竞争生活，都选择了"躺平"，然而这个论断显然不适用于"幸福街商圈"。 如果我们把镜头再放大，泉州从沿海到山区，都充盈着浓郁的烟火气，这种"烟火气"与古诗中"市井十洲人""涨海声中万国商"的盛况一脉相承。 这种"烟火气"，何尝不是泉州人"七分靠打拼""人人想当老板"的"企业家"精神的写照呢？ 只要这种"企业家精神"薪火相传、生生不息，泉州就能充满希望、赢在未来。

　　长风破浪会有时，直挂云帆济沧海！　历史又翻开了崭新一页，走进新时代的泉州民营经济，承袭千年商脉的雄厚积淀，发扬拼搏进取、务实创新的创业精神，将在这座"世界遗产之城"厚植沃土、精耕细作，唱响更加辉煌嘹亮的"大风歌"。

泉州中山街

参考文献

庄聪生：《中国民营经济四十年：从零到"五六七八九"》，北京：民主与建设出版社，2018 年。

林华东、林丽珍、苏黎明：《泉州学概论》，厦门：厦门大学出版社，2022 年。

福建省炎黄文化研究会、泉州市政协编：《闽南文化研究》，福州：海峡文艺出版社，2004 年。

庄为玑：《海上集》，厦门：厦门大学出版社，1996 年。

徐晓望：《福建通史》，福州：福建人民出版社，2006 年。

汤锦台：《闽南人的海上世纪》，台北：果实出版社，2005 年。

泉州晚报社编：《名流谱（企业卷）》，厦门：鹭江出版社，1994 年。

朱水涌：《陈嘉庚传》，厦门：厦门大学出版社，2021 年。

孙立川、朱南：《黄奕住大传》，香港：中华书局，

2021 年。

李荣融等主编:《筚路蓝缕：王永庆开创石化产业王
    国之路》，北京：清华大学出版社，2007 年。

庄晏成主编:《泉州历史人物传》，福州：福建人民出
    版社，2022 年。

泉州市地方志编纂委员会编:《泉州六十年记忆
    （1949—2009）》，北京：九州出版社，2013 年。

张笑宇:《商贸与文明：现代世界的诞生》，桂林：广
    西师范大学出版社，2021 年。

王亚君、欧阳钟辉、许连捷主编:《现代泉商形成与
    发展研究》，厦门：厦门大学出版社，2010 年。

后　记

在 2023 年开年之际,本人编著的科普小书《七分靠打拼》杀青了,从受命到完成初稿,历经四个月,回顾夙夜不懈、食不甘味的写作过程,不免心潮起伏。

本书之催生颇具因缘际会。

2022 年,时值习近平同志总结提出"晋江经验"20 周年,"晋江经验"成为高频热词,而创造"晋江经验"的历史文化名城泉州,其民营经济的发展历程亦成为媒体聚焦热点。福建政协刊物《政协天地》(2022 年 6 月号)特辟"聚焦晋江经验 20 年"栏目,我应约撰写的《春风化雨一路芳华——泉州民营经济浩歌行进的政协故事》有幸刊出。欣奋之际,我把信息发朋友圈分享。

有一天,路上偶遇泉州师范学院原副校长林华东教授。十几年前,他曾是泉州市政协常委,与我颇为熟悉。他告诉我,他退休后刚接任泉州市老科技工作者协会会长,在与泉州市永顺船舶服务有限公司总经理郭永坤先生交流时,双方有意共同筹划编一套科普丛书。其中一本名《七分靠打拼》,介绍泉州民营经济发展概貌,文风要求朴实言简、通俗易懂,并热情邀请我来撰稿。他的理由是,我长期在泉州工作和生活,且担任过市政协、市人大常委会的研究室主任,参加过许许多多调研,对泉州民营经济发展情况比较了解,且与政协和人大中的一大批民营经济人士颇为熟悉,这些积淀很宝贵。他又说,他看过我晒在朋友圈的短文,挺喜欢这种风格的,相信我可以胜任。

　　言者有心,而闻者却感踌躇。其时,我已接近退休,正以一种散淡心态转换生活方式,本想一推了之,但林教授的美意与激励话语,对我触动不小。

　　民营经济是中国改革开放后崛起的强大经济力量,是社会主义市场经济真正的主体,它贡献了50%的税收,60%的产值,70%的创新,80%的就业和90%的企业数量。全面客观了解民营经济发展史,有助于我们体悟今天国家现代化建设发展的成果来之不易,更能坚定"两个毫不动摇"的思想自觉。作为民营经济先发重镇,"民营经济"已然成为泉州的特色品牌、优势所在、立身之本。我从三明来泉州工作三十一年,见证了泉州民营经济发展的峥嵘岁月,好多人和事都历历在目、挥之不去。如果能利用退休前比较空闲、头脑也好使的机会,用笔记录、留住"历史",讲好泉州民营经济发展的故事,帮助人们知往鉴来,增加历史主动,当不乏积极意义,也不负自己的"泉州岁月"。当然,我深知这是一件具有难度的工作,特别是对我的思考力是个挑战。但我还是愿意做个尝试。

人们都津津乐道泉州的 GDP 连续 22 年位居全省第一，足以显示它非凡的硬实力。而在我看来,透过这种表象,其实还有更深一层的"软实力"——"人文基因"。通常认为,泉州民营经济的发展,得力于泉州人"爱拼敢赢"的性格。本书以"七分靠打拼"为名,便蕴含了这种质朴的人文观点。然而从历史进程观察,"拼"字具有丰富深厚内涵。随着时代的前行,"拼"已演化为一种"精气神结构",它是责任、胆量、勇气、闯劲、智慧、道德、法度等元素的综合体,不能偏颇理喻。怎样才能写出大时代背景下泉州人爱"拼"的精气神?写出这种拼劲所特有的精神魅力和灵魂活力? 写出这种"拼"劲对泉州改革开放后重振古港雄风、凤凰涅槃的价值? 委实不容易。

在酝酿写作时,我恰好收到我大学时代的老师、香港天地图书出版公司原总编辑孙立川博士送我的其与朱南合著的《黄奕住大传》,序言中他介绍了该著作所采取的"非虚构写作"方法,令我茅塞顿开。所谓"非虚构写作"要求在纪实的写作中采取参与者的观察,这种观察即是让社会学、人类学、心理学、宗教学等进入被调查者的世界,以他者的角度去观察、体验、感受书中主人遭遇的人和事,而后借助文学对历史、时代、社会与人性进行悟思。是论对我产生了有益启迪。而丛书主编林华东先生也多次与我探讨本书的定位与纲目,给予大力指导,使我从原来十分懵懂的状态逐渐变得清晰豁朗。

改革开放后泉州民营经济的勃兴壮大,上可追溯至千年商脉的赓续传承,宋元时期世界海洋商贸中心的底蕴影响。近可串联到华侨商人的"初始推动",侨乡优势的充分释放。环视四十多年的发展历程,又呈现阶段性的特征和亮点。在短短的篇幅中,我不可能充分描绘出"宏大叙事",需要"点""面"结合,长短线结合,"见人见事见精神"。由是,我设计了五大部分:"千年商脉""侨商流芳""风生潮起""万花争艳""踔厉奋进"。试图以泉州民企的发展和商贸为特色,古今兼顾,体现出泉州人敢于拼搏、永不言败的进取精神以及不甘人后、善捕先机、输赢笑笑、抱团发展、乐善好施、造福社会的特有风貌。同时间或融进作者的思考感触,以期与读者即时互动,对知往察来有所裨益。本书是融"史料性、学术性、故事性、文学性、思想性、体系性"于一炉之尝试。我自知才有不逮,难以将写作意图表达到位,只能勉力为之,亦恭请读者谅之。

时下正逢百年未有之大变局,叠加新冠肺炎疫情,民营经济发展亦蒙上浓郁阴影。不时能听闻泉州某些知名企业遭遇危机、某些老板跑路的消息,不少人对泉州民营经济的未来忧心忡忡。笔者乃城市普通一分子,对破解本土民营经济发展面临的重重困难别无良策,只能从意识形态层面,为助力其健康发展、改善舆论环境聊作鼓与呼。

犹记大学时代,曾读过海明威的《老人与海》:一个叫作圣地亚哥的老渔人,已经83天没有打到鱼,第84天老人再次出海,终于钓到一条大鱼。但大鱼很强大,老人与鱼进行了艰难困苦的搏斗,终把大鱼制服了,然而返回途中,鱼被一波波鲨鱼啃噬,老人为保住果实又与鲨鱼进行恶斗,伤痕累累、精疲力竭,回到港口时大鱼只剩下一个骨架……这一次看似收获了彻底失败,但休息一天的老人又恢复了元气,再次出海打鱼……坦率而言,年轻时阅读这篇作品似懂非懂,只是记住了那句振聋发聩的格言:人可以被毁灭,但不可以被打败。2012年秋,我随泉州市人大常委会主任陈海基率领的团组访问古巴,非常有幸地参观了海明威写作《老人与海》时住的酒店。谁曾料到,十年之后,当年那个难忘的场景在我脑海油然闪现,那句振聋发聩的格言再次在我脑海鸣响!

是的,跨越时空回到泉州场景,历史和现实竟水乳交融——在这片民营经济的热土上,有多少企业家像圣地亚哥老人那样永不言败、乐观豁达,他们的事业有成功、有平寂、有失败,但他们面对市场竞争风急浪高的不可预见性,犹如克劳塞维茨所云,即便在最黑暗的时刻,也具有能够发现一线微光的慧眼,并且敢于跟随这一线微光前进。跳脱单纯的结果,更深入地走进他们,我们可以直观地感受到他们直面世界追梦、创造的勇气、顽强拼搏和心血付出留下的永不消逝的痕迹,可以真切地感受到一种人生经历冶炼、灵魂升华的精彩过程,从而更能全方位解读出"拼"的内在意涵。只要这种精神不泯,泉州就充满希望,雄风长在。

坦率而言,泉州民营经济发展全过程是一座无与伦比的富矿,这里诞生的"晋江经验",对走好中国式现代化发展道路,具有巨大的启迪价值,同时,也为曾经的"海滨邹鲁"在新时代踔厉奋进、续写华章提供了极其丰富的精神养料。研究与讲好泉州民营经济发展的故事,应该成为生于斯、长于斯的吾辈之使命与志业。笔者深知,本书所涉猎者不及九牛一毛,然弱鸟先飞、滴水穿石,本人所做的一些探索工作,将不啻聚沙成塔、集腋成裘之功效,夫如是,私心将引为荣幸。

本书在编著过程中,多次与参与丛书的同仁苏黎明先生、黄建团先生深入切磋,得到颇多教益。我的太太黄冬梅帮助校对,友人严文堪、吴越、陈火全等对编校工作提供了许多帮助,在此一并表示衷心感谢。

王伟明

2023 年 3 月